オールカラー

超入門!

書いて覚える

スペイン語ドリル

音声DL版

徳永志織
［著］

ナツメ社

はじめに

新しい語学を学ぶことは、人生の新しい扉を開くこと

近年、「スペイン語を勉強する意味は何ですか？」と聞かれたら、実用的な面から「話者人口が多いから」「国連の公用語だから」と答えることが多くなっています。実用的な面からの理由が求められるからです。

でも、私がスペイン語を勉強し始めた理由は、そうではありませんでした。子どものころ、どこの国の映画かもわからずに見た『汚れなき悪戯（スペイン語タイトル：Marcelino（マルセリーノ） pan（パン） y（イ） vino（ビノ））』が心にずっと残っていて、機会あるごとにどこの国の映画かを調べたこと（子どもでしたし、インターネットがない時代だったので、けっこう大変でした）、中学生のころだったか、ドラマで見たマドリードの真っ青に澄んだ空に釘付けになり、「私はこの空を自分の目で見る！」と思ったこと、そして、ある酒類メーカーのCMで、アントニオ・ガウディに知り合ったこと……。これらが、スペインに惹きつけられた理由でした。

日本では英語以外の言語といえばフランス語とドイツ語が主流だった時代、私の出身校には、当時では珍しく第二外国語としてスペイン語が設置されていました。そこでスペイン語を選択したことが今の仕事につながっています。

皆さんがこの本を手に取られたのはなぜでしょうか？　どんな理由であっても、新しい語学を勉強する、ということは人生の新しい扉を開くこと。これまでは「常識」であったものが常識ではなくなり、あらたな視点を得ることにつながります。

本書では、できるだけ私自身が現地の人と交わした会話をもとにダイアローグを作成しています。そして、それを補完する形で文法について解説しています。

まずは、初めて会う現地の人との会話を楽しみ、そして、もっともっと色々なことを相手に伝えるために語彙を増やし、骨組みである文法に振り返って新しい語彙を使いながら会話を広げていっていただけたら、と思っています。

ちょっとした会話がきっかけとなり、大きな未来につながることがあります。

本書が皆さんの人生の新しい扉をひらくきっかけになれば、こんなにうれしいことはありません。

徳永　志織

本書の使い方

本書は、PARTE 1「スペイン語文法の基本」、PARTE2「スペイン語の基本表現」、PARTE3「スペイン語の応用表現」の3つのパートで構成されています。

PARTE 1「スペイン語文法の基本」では、スペイン語の歴史や特徴、アルファベットと発音の決まり、文法の特徴などの基礎的なことを解説してあります。

PARTE2 ではスペイン語の基本的な表現、PARTE3 では応用表現を紹介しています。

DL のマークがついている箇所は、音声をダウンロードして確認できます。

スペイン語と日本語の構成の違いがわかるよう、構成要素で色分けして矢印で対応させています。

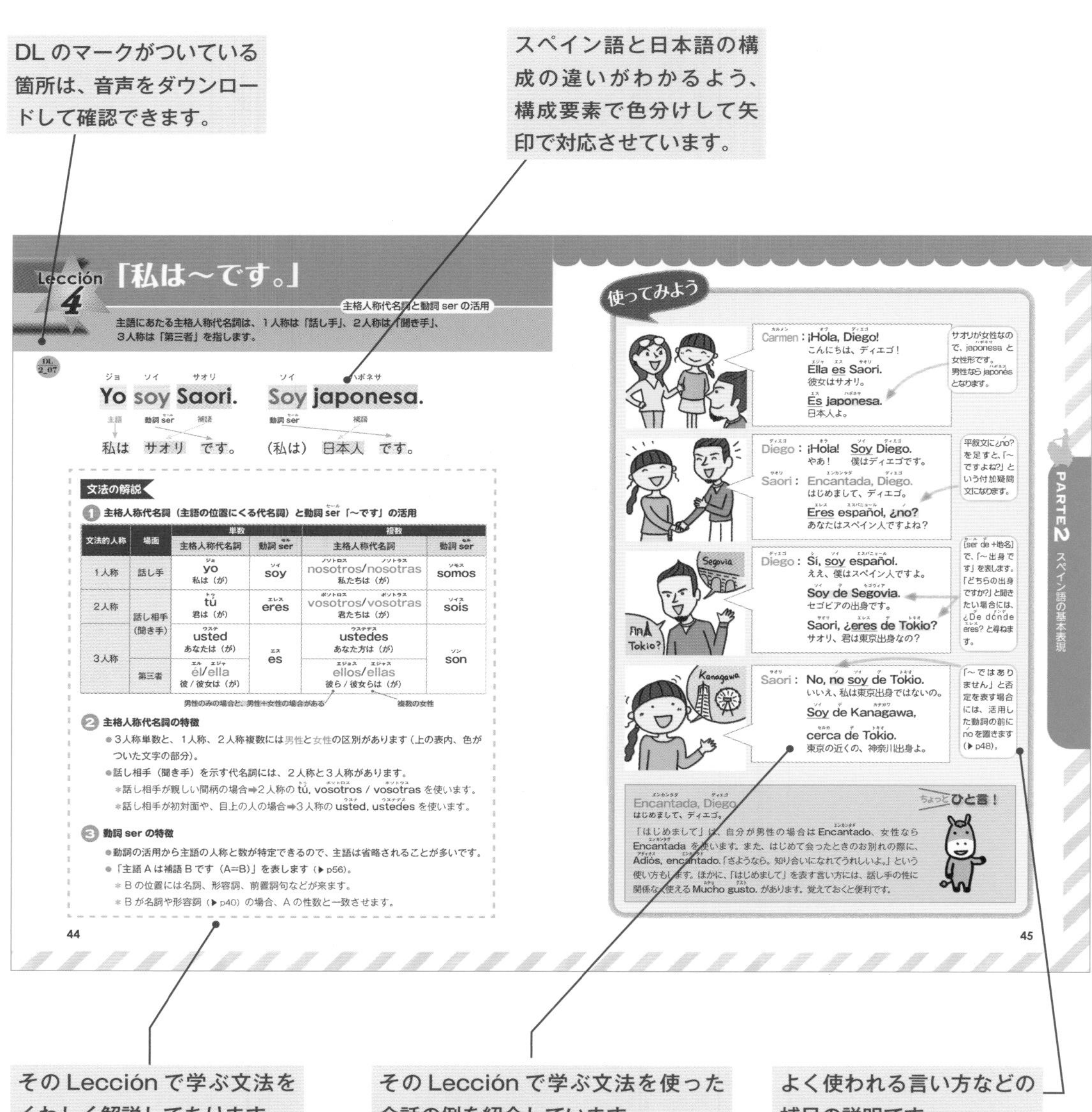

Lección 4 「私は～です。」

主格人称代名詞と動詞 ser の活用

主語にあたる主格人称代名詞は、1人称は「話し手」、2人称は「聞き手」、3人称は「第三者」を指します。

DL 2_07

Yo soy Saori.　Soy japonesa.

主語　動詞 ser　補語　　動詞 ser　補語

私は　サオリ　です。　（私は）日本人　です。

文法の解説

1 主格人称代名詞（主語の位置にくる代名詞）と動詞 ser「～です」の活用

文法的人称	場面	単数 主格人称代名詞	単数 動詞 ser	複数 主格人称代名詞	複数 動詞 ser
1人称	話し手	yo 私は（が）	soy	nosotros/nosotras 私たちは（が）	somos
2人称	話し相手（聞き手）	tú 君は（が）	eres	vosotros/vosotras 君たちは（が）	sois
3人称	話し相手（聞き手）	usted あなたは（が）	es	ustedes あなた方は（が）	son
3人称	第三者	él/ella 彼 / 彼女は（が）	es	ellos/ellas 彼ら / 彼女らは（が）	son

男性のみの場合と、男性＋女性の場合がある　複数の女性

2 主格人称代名詞の特徴

- 3人称単数と、1人称、2人称複数には男性と女性の区別があります（上の表内、色がついた文字の部分）。
- 話し相手（聞き手）を示す代名詞には、2人称と3人称があります。
  - ＊話し相手が親しい間柄の場合➡2人称の tú, vosotros / vosotras を使います。
  - ＊話し相手が初対面や、目上の人の場合➡3人称の usted, ustedes を使います。

3 動詞 ser の特徴

- 動詞の活用から主語の人称と数が特定できるので、主語は省略されることが多いです。
- 「主語 A は補語 B です（A=B）」を表します（▶ p56）。
  - ＊ B の位置には名詞、形容詞、前置詞句などが来ます。
  - ＊ B が名詞や形容詞（▶ p40）の場合、A の性数と一致させます。

44

使ってみよう

Carmen：¡Hola, Diego!
こんにちは、ディエゴ！
Ella es Saori.
彼女はサオリ。
Es japonesa.
日本人よ。

サオリが女性なので、japonesa と女性形です。男性なら japonés となります。

Diego：¡Hola!　Soy Diego.
やあ！　僕はディエゴです。
Saori：Encantada, Diego.
はじめまして、ディエゴ。
Eres español, ¿no?
あなたはスペイン人ですよね？

平叙文に¿no? を足すと、「～ですよね?」という付加疑問文になります。

Diego：Sí, soy español.
ええ、僕はスペイン人ですよ。
Soy de Segovia.
セゴビアの出身です。
Saori, ¿eres de Tokio?
サオリ、君は東京出身なの？

[ser de +地名] で、「～出身です」を表します。「どちらの出身ですか?」と聞きたい場合には、¿De dónde eres? と尋ねます。

Saori：No, no soy de Tokio.
いいえ、私は東京出身ではないの。
Soy de Kanagawa, cerca de Tokio.
東京の近くの、神奈川出身よ。

「～ではありません」と否定を表す場合には、活用した動詞の前に no を置きます（▶ p48）。

ちょっとひと言！

Encantada, Diego.
はじめまして、ディエゴ。

「はじめまして」は、自分が男性の場合は Encantado、女性なら Encantada を使います。また、はじめて会ったときのお別れの際に、Adiós, encantado.「さようなら。知り合いになれてうれしいよ。」という使い方もします。ほかに、「はじめまして」を表す言い方には、話し手の性に関係なく使える Mucho gusto. があります。覚えておくと便利です。

PARTE2 スペイン語の基本表現

45

その Lección で学ぶ文法をくわしく解説してあります。

その Lección で学ぶ文法を使った会話の例を紹介しています。

よく使われる言い方などの補足の説明です。

PARTE2、3の構成は、各 Lección ごとに文法について丁寧に解説し、その課でとりあげた文法を使った会話例と、書き込んで覚えるための文例を紹介してあります。「使って」「書いて」スペイン語に親しんでください。

さらに、各 Lección の終わりには練習問題がありますので、学んだ知識を定着させてください。

その Lección で学ぶ文法を使った文例をあげています。音声を確認しながら、空欄に書き込んで覚えましょう。

その Lección で学ぶ文法を使った練習問題です。

DL 2_08 **書いて覚えよう** この課で出てきた文法要素を含む例文を、音声を聞きながら、書いて覚えましょう。

Yo soy japonés [japonesa].
私は日本人です。

Nosotros somos japoneses.
私たちは日本人です。

Ellas son japonesas.
彼女たちは日本人です。

Es español [española].
彼（彼女）はスペイン人です。

¿Eres de Madrid?
君はマドリード出身なの？

46

練習してみよう この課で出てきた文法要素を含む練習問題を解いて、学んだことを定着させましょう。

練習問題1 下の①～④から、（　）内に入る適切な形を選んでください。

1 (　　) es español. 彼はスペイン人です。
① Él ② Usted ③ Ella ④ Tú

2 (　　) somos españolas. 私たちはスペイン人です。
① Nosotros ② Vosotros ③ Vosotras ④ Nosotras

3 (　　) son de Madrid, ¿no? あなたたちはマドリード出身ですね？
① Vosotros ② Ustedes ③ Ellas ④ Ellos

4 (　　) sois japoneses, ¿no? 君たちは日本人ですね？
① Ellas ② Vosotras ③ Vosotros ④ Ustedes

2 4 は名詞の形に注意して性を判断してください。(p32 参照)

練習問題2 （　）内に ser を適切な形にして入れてください。

1 Diego (　　) de Segovia.
ディエゴはセゴビア出身です。

2 Tú y María (　　) españoles, ¿no?
君とマリアはスペイン人だよね？

3 Marta y yo (　　) profesoras.
マルタと私は教師です。

4 Yo (　　) peruana.
私はペルー人です。

5 Andrea y Manuel (　　) mexicanos.
アンドレアとマヌエルはメキシコ人です。

1 ディエゴ→彼
2 君とマリア→君たち
3 マルタと私→私たち
5 アンドレアとマヌエル→彼らと考えます。

解答
練習問題1 1 ① 2 ④ 3 ② 4 ③
練習問題2 1 es 2 sois 3 somos 4 soy 5 son

47

PARTE 2 スペイン語の基本表現

●本書では、スペイン語の読みをカタカナで表記してありますが、実際の発音をカタカナで忠実に表記することはできないため、音声で確認してください。
また、スペイン語は地方によって発音のルールが異なったり、なまりなどもありますので、カタカナの表記は「日本人にはこう聞こえる」という目安としてご活用ください。

目 次

PARTE 2 スペイン語の基本表現

PARTE 3 スペイン語の応用表現

DL 0_00

音声ダウンロードについて

音声ファイルはナツメ社のウェブサイト（https://www.natsume.co.jp）の「音声 DL 版 オールカラー超入門！書いて覚えるスペイン語ドリル」のページよりダウンロードできます。
ファイルを開く際には以下のパスワードをご入力ください。
パスワード：NKndRiy4
ダウンロードした音声は、パソコンやスマホの MP3 対応のオーディオプレーヤーで再生できます。

※ダウンロードした音声データは本書の学習用途のみにご利用いただけます。データそのものを無断で複製、改変、頒布（インターネット等を通じた提供を含む）、販売、貸与、商用利用はできません。
※ダウンロードした音声データの使用により発生したいかなる損害についても、著者及び株式会社ナツメ社、ナツメ出版企画株式会社は一切の責任を負いかねますのでご了承ください。

スペイン語文法の基本

スペイン語ってどんな言語？

スペイン語は、フランス語やイタリア語などと起源を同じくする言語

スペイン語は、ローマ帝国の公用語であったラテン語から分化したロマンス諸語の1つで、ポルトガル語、フランス語、イタリア語、ルーマニア語などと起源を同じくする姉妹関係にあります。

広大な領土をもっていたローマ帝国なので、書き言葉としての古典ラテン語の規範は確立されていたものの、話し言葉は、それぞれの地域で、独自の変化をしていき、現在のロマンス諸語となりました。

フランス語は聞いただけだとわからないけど、イタリア語やポルトガル語はなんとなく理解できる、フランス語も、書かれたものならなんとなくわかる……というのは、これらの言語が共通の祖先をもつからです。

また、英語にもラテン語由来の語彙(ごい)が非常に多く入っています。それは、1066 年以降、ほぼ 300 年に渡り、イギリスがフランス語を公用語とするノルマン人に支配されていたからです。特に、論文などに使われる教養語にラテン語由来の語彙が多く残っています。

アラビア語源の語彙が多く、その数は約 4000 語

イベリア半島で話されていたラテン語を祖先とする現代のスペイン語ですが、このような形になるまでにどのような変遷(へんせん)があったのか、簡単に見ておきましょう。

5世紀初め、ゲルマン民族の大移動により、西ローマ帝国は滅亡し、イベリア半島の支配は、ゲルマン系の西ゴート王国に移ります。

8世紀に入ると、今度は北アフリカからイスラム教徒が侵入し、半島の大部分はイスラム教徒の支配下に入ります。15 世紀末までの間、優れたイスラム文化から取り入れられた語彙は多く、現代スペイン語にはおよそ 4000 語のアラビア語源の語彙が存在するといわれています。

たとえば、アルコールを表す alcohol(アルコール) は英語でもスペイン語でも同じつづりです。また、「綿」を表す algodón(アルゴドン)（スペイン語）と cotton(コットン)（英語）、「砂糖」を表す azúcar(アスカル)（スペイン語）、と sugar(シュガー)（英語）もアラビア語源の語彙です。

英語とスペイン語の単語を比べると、スペイン語では a や al が付いてることに気づくと思います。al はアラビア語の定冠詞ですが（a はその変種）、それは、スペイン語には必ず定冠詞付きでアラビア語の語彙が取り入れられていたことによります。スペイン語から a や al を取り除くと、英語の語彙と似たような形が現れますよね。こんな風にスペイン語の単語を見ていくと、覚えやすいかもしれません。

さて、ほぼ全土をイスラム教徒に占領されたイベリア半島ですが、キリスト教徒たちは北部に国をつくり、その後イベリア半島をキリスト教徒の手に戻すべく始まったレコンキスタ（スペイン語では reconquista(レコンキスタ): re(レ)「再」、conquista(コンキスタ)「征服」）が 1492 年に完了すると、スペインは大航海時代に入り、スペイン語は新大陸へ広がっていきました。

その結果、現在ではスペイン語は、スペインおよびほとんどの中南米の国々を含む 21 の国と地域の公用語となっており、母語話者はおよそ3億から4億人です。

また、移民の増加にともない、アメリカ合衆国でもスペイン語を母語とする人は4000万人を超え、バイリンガルも1100万人程度いるといわれています。

スペイン語のほかにも公用語がある自治州も

日本語で事が足りる日本の状況から考えると不思議なことかもしれませんが、スペインには複数の言語が公用語として存在します。まず、スペイン国家の公用語であるカスティーリャ語。これは、私たちが「スペイン語」として認識している言語です。

ほかに、自治州の公用語として、下図のようなものがあります。

これらの地域では、標識や表示がスペイン語と自治州の公用語の二言語で表記されていますし、自治州の公用語によるテレビ放送などもあります。

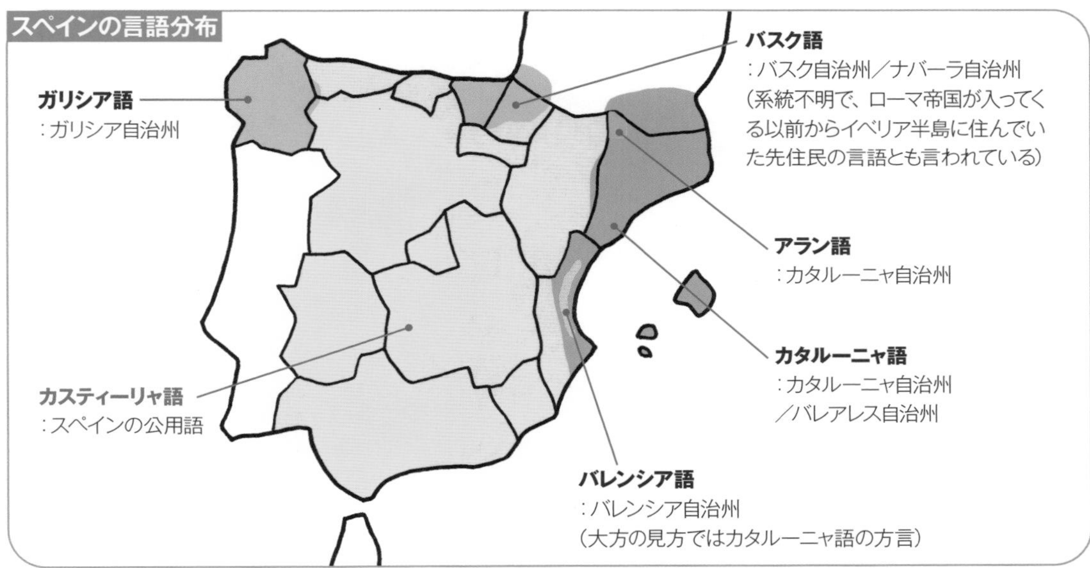

規則が見えてくると覚えやすい言語です

多くのみなさんが最初に学習する外国語は英語です。その後、スペイン語を勉強し始めると、「なんでスペイン語の名詞には性別があるのか」あるいは「なんでスペイン語では動詞の活用がこんなにあるのか」など、「英語と比べてスペイン語は面倒」という声がよく聞かれます。

英語に比べると覚えることが何倍にもなっているように感じられるかもしれませんが、発音体系はすっきりとまとまっていて、いくつかの規則さえ覚えてしまえば日本語のローマ字読みでなんとか対応することができます。そして、名詞の性も動詞の活用も、基本の規則をおさえ、そこからその規則にそぐわない例を見ていくと、不規則の中にも規則性があることがわかってきます。ですので、前向きに学習していきましょう。

スペイン語のアルファベット

スペイン語のアルファベットは
全部で 27 文字

スペイン語のアルファベットは、英語のアルファベット 26 文字に特殊な文字 Ñ ñ を加えた 27 文字を用います。下に示しますので、空欄に書き込みながら覚えてください。

アルファベット

DL 1_01

アルファベット	読み	書き込み欄	アルファベット	読み	書き込み欄
A a	ア		N n	エネ	
B b	ベ		Ñ ñ	エニェ	
C c	セ		O o	オ	
Ch ch	チェ		P p	ペ	
D d	デ		Q q	ク	
E e	エ		R r	エレ	
F f	エフェ		rr	エルレ	
G g	ヘ		S s	エセ	
H h	アチェ		T t	テ	
I i	イ		U u	ウ	
J j	ホタ		V v	ウベ	
K k	カ		W w	ウベドブレ	
L l	エレ		X x	エキス	
Ll ll	エジェ		Y y	ジェ	
M m	エメ		Z z	セタ	

以前は、組み合わせることによって新たな音を表す二重音字 Ch, Ll, rr も1文字として扱われていました。現在では、アルファベットとしてはカウントされません。

けれども、音や音節で分ける際には1文字として考えたほうがわかりやすいので、表に入れておきます。

スペイン語の発音

発音は規則がしっかりしていて 日本語に少し似ています

「スペイン語の発音は日本語に似ている」と言うと、音声を専門に研究している方々からは異論がでるかもしれません。

けれども、母音は日本語と同じ５つ（u の発音は少々異なる）で、読み方の規則がはっきりしていますし、「つづり字上の規則」で複数形をつくるときや動詞を活用する際につづりが変わることがありますが、それも読み方の規則を覚えてしまえば、そんなに難しくはありません。

「不規則の中にも規則あり」ということを頭の隅に置いておくと、一見バラバラに思える不規則性でも、その中に規則性を見出すことができるようになります。

母音

日本語と同じ a, e, i, o, u の5つです。注意が必要なのは u です。日本語の「ウ」より唇をすぼめて発音しましょう。

DL 1_02

a, e, i, o, u

子音

子音は、ほぼローマ字読みで読むことができますが、次の子音に気をつけましょう。

「子音＋母音」のまとまりは、英語のように変わることはなく、いつも同じ読み方をします。

DL 1_03

b = v	バ行の音	bar（バル） バル　vacación（バカシオン） 休暇
c	e,i と組み合わさると英語の th の音	cena（セナ） 夕食　ciencia（シエンシア） 科学
	a,o,u と組み合わさるとカ行の音	cantante（カンタンテ） 歌手　cocina（コシナ） キッチン cuaderno（クアデルノ） ノート
	子音と組み合わさると k の音	clase（クラセ） クラス
ch	チャ行の音	charla（チャルラ） 雑談　chocolate（チョコラテ） チョコレート
d	ダ行の音	dedo（デド） 指　comida（コミダ） 食事
	無音（語末）	ciudad（シウダ） 都市　universidad（ウニベルシダ） 大学

f	ファ行の音	fábrica（ファブリカ） 工場　perfecto（ペルフェクト） 完璧な ＊下唇を上の歯で軽くかんで発音
g	e,i と組み合わさると、強いハ行の音	Argentina（アルヘンティナ） アルゼンチン girasol（ヒラソル） ひまわり ＊口の奥の柔らかいところに舌の後方を近づけて出す、強いハ行の音
	a,o,u と組み合わさると、ガ行の音	gato（ガト） オス猫　amigo（アミーゴ） 男友達
	g ＋子音では g	hongo（オンゴ） きのこ　gramo（グラモ） グラム
	ゲ（gue） ギ（gui）	guerra（ゲラ） 戦争 guitarra（ギタラ） ギター
	グエ（güe） グイ（güi）	bilingüe（ビリングエ） バイリンガル ＊ u を発音する場合はウムラウト（¨）が付く。そうでないとゲ、ギという発音になる
h	無音	hablar（アブラール） 話す　hotel（オテル） ホテル
j	強いハ行の音 （ge, gi の場合と同じ）	jamón（ハモン） ハム　julio（フリオ） 7 月 ＊口の奥の柔らかいところに舌の後方を近づけて出す、強いハ行の音
l	ラ行の音。ただし、日本語のラ行音とは異なる。	lana（ラナ） 羊毛　libro（リブロ） 本 ＊舌を上の歯茎につけ、舌の両側の隙間から息を出す。
ll	ジャ行、リャ行、あるいはヤ行の音	llegar（ジェガル） 到着する　lluvia（ジュビア） 雨
ñ	ニャ行の音	España（エスパニャ） スペイン　mañana（マニャナ） 明日、朝
q	ケ（que） キ（qui）	queso（ケソ） チーズ química（キミカ） 化学
r	ラ行の音	señor（セニョール） 男性、～氏　pero（ペロ） しかし
	巻き舌のラ行の音 （語頭と l, n, s の後）	rosa（ロサ） バラ　alrededor（アルレデドル） 周囲

rr	巻き舌のラ行の音（語中のみ）	guitarra（ギタラ） ギター　perro（ペロ） オス犬
x	サ行の音（語頭）	xilófono（シロフォノ） 木琴
	サ行の前に k が入る	exprés（エ(ク)スプレス） エスプレッソ　examen（エ(ク)サメン） 試験
	強いハ行の音	México（メヒコ） メキシコ mexicano（メヒカノ） メキシコの、メキシコ人
y	ジャ行あるいはヤ行の音（母音の前）	yo（ジョ） 私は（が）　yema（ジェマ） 卵の黄身
	イ（単独または語末）	y（イ） そして、～と　ley（レイ） 法律
z	英語の th の音（za,zo,zu, 語末の z）	zapato（サパト） 靴 Zara（サラ） ザラ（スペインのブランド）

注意すべきつづり

スペイン語を読んだり書いたりするときに間違えやすいつづりをまとめておきます。

もし、読み方に迷ったら下の表を見て確認しましょう。

DL 1_04

	a	e	i	o	u
k（カ行）	ca（カ）	que（ケ）	qui（キ）	co（コ）	cu（ク）
英語の th [θ]	za（サ）	ce（セ）	ci（シ）	zo（ソ）	zu（ス）
g（ガ行）	ga（ガ）	gue（ゲ）	gui（ギ）	go（ゴ）	gu（グ）
gu	gua（グア）	güe（グエ）	güi（グイ）	guo（グオ）	—
強めのハ行	ja（ハ）	je, ge（ヘ ヘ）	ji, gi（ヒ ヒ）	jo（ホ）	ju（フ）

スペイン語の音節とアクセントの位置

まずは、単語の最後の文字を見れば
アクセントの位置を確認できます

スペイン語では、単語のアクセントの位置は、単語の最後の文字を見ればわかるようになっています。ただし、いくつかおさえておくポイントがありますので見ておきましょう。

二重母音

スペイン語の母音は開母音と閉母音の2つのグループに分かれます。

DL 1_05

開母音	a, e, o	発音の際に、舌の位置が低く、口内の開きが広い。
閉母音	i, u	発音の際に、舌の位置が高く、口内の開きがせまい。

二重母音とは、閉母音を含んだ母音が2つ並んだもので、それらを分けずに一気に発音し、1つの母音として考えます。

開母音＋閉母音	ai, au, ei, eu, oi, ou	aire（アイレ） 空気　Europa（エウロパ） ヨーロッパ
	ay, ey, oy （語末のみ）	hoy（オイ） 今日
閉母音＋開母音	ia, ua, ie, ue, io, uo	piano（ピアノ） ピアノ　cuenta（クエンタ） 会計
閉母音＋閉母音	iu, ui	ciudad（シウダ） 都市

＊開母音＋開母音、あるいは開母音と並ぶ閉母音にアクセント記号が付いている場合には、二重母音ではなく、2つの母音として考えます。

例 oasis（オアシス） オアシス　día（ディア） 日　baúl（バウル） トランク

三重母音

閉母音＋開母音＋閉母音の順番で母音が3つ並んだものを三重母音といい、こちらも一気に発音し、1つの母音として考えます。

例 **estudiáis**（エストゥディアス）（君たちは）勉強する　**Uruguay**（ウルグアイ）ウルグアイ

二重子音

次の 12 種類があり、一気に発音します。

DL 1_07

bl	cl	fl	gl	pl	dr
br	cr	fr	gr	pr	tr

例 **blanco**（ブランコ）白い　**libro**（リブロ）本　**plátano**（プラタノ）バナナ
problema（プロブレマ）問題　**tren**（トレン）電車

日本語の仮名文字を音から考えると、ア行とン以外、「子音＋母音」で一文字を形成しています。たとえば、「ブ」という字は bu（b ＋ u）から成り立っています。そのため、blanco（ブランコ）「白い」をローマ字読みすると bulanko となり、b と l の間に母音 u が入ります。

しかし、スペイン語では u は入らないため「あれ?」ということになってしまいます。子音の次に母音がない場合には、その子音に母音を付け足さないように注意しましょう。「b ランコ」という感じでしょうか。音声を聞いて音を確認してみてください。

また、最後が -s の場合、「ス」と、u が入ってしまう傾向にあります。こちらにも注意しましょう。

音　節

単語より一段小さい音のまとまりを音節といいます。「まとまり」なので、途中で分けることがないように注意する必要があります。

書く場合も、もし行末の単語が途中までしか書けず、やむなく単語の途中で改行する場合には、ハイフン（ - ）を入れ、必ず音節で改行します。

音節の決まり

- 音節には必ず母音が1つあります。つまり、母音を中心にまとまりができています。子音だけの音節はありません。
- 二重母音、三重母音、二重子音は、それぞれ１つの音としてカウントします。
- 二重音字（ch, ll, rr）も1つの子音としてカウントします。

音節の分け方

母音 母音 → 母音 − 母音

例 tío（ティオ） → tí-o おじ

母音 子音 母音 → 母音 − 子音 母音

例 rosa（ロサ） → ro-sa バラ

母音 子音 子音 母音 → 母音 子音 − 子音 母音

例 monte（モンテ） → mon-te 山

母音 子音 子音 子音 母音 → 母音 子音 子音 − 子音 母音

例 construcción（コンストルクシオン） → cons-truc-ción 建設

アクセントの位置

アクセントの位置は、語末の音でわかります。

母音、n, s で終わる語は後ろから2番目の音節にアクセント

例 man-za-na リンゴ ［マンサナ］　Car-men カルメン（女性名）［カルメン］　jue-ves 木曜日 ［フエベス］

n, s 以外の子音（y も含む）で終わる語は一番後ろの音節にアクセント

例 u-ni-ver-si-dad 大学 ［ウニベルシダ］　hab-lar 話す ［アブラール］　jer-sey セーター ［ヘルセイ］

アクセント記号がついた語は、その母音を含む音節にアクセント

例 reu-nión 集会 ［レウニオン］　a-zú-car 砂糖 ［アスカル］

スペイン語の文法的特徴

独特な記号は、感嘆文や疑問文に使われます

はじめてスペイン語に触れて驚くのが、疑問符や感嘆符がひっくり返った記号が使われていることかもしれません。スペイン語では、疑問文や感嘆文の始まりに、これらを使います。

●**疑問文で**

例 ¿Eres japonesa? – Sí, soy japonesa.（エレス ハポネサ シ ソイ ハポネサ）

君は日本人なの？ – ええ、私は日本人よ。

●**感嘆文で**

例 ¡Qué guapa eres!（ケ グアパ エレス） 君はなんて美しいんだ！

名詞は、性数によって 4つのグループに分けられます

スペイン語の名詞は、ものを表す名詞も含め、すべて男性名詞と女性名詞の2つのグループに分けられます。

自然の性をもつ人間や動物ならまだ納得できるけど、なぜ机や本といった、ものを表す名詞にも性別があるのだろう？　と悩むかもしれません。それは、言語の違いと思ってあきらめて覚えてしまいましょう。

ちなみに、名詞に性がないという英語のほうが、ヨーロッパの言語のなかでは珍しいのです。スペイン語と同じようにラテン語がルーツであるフランス語、イタリア語などにはもちろん性別がありますし、英語とルーツが同じドイツ語には、男性、女性のほかに中性もあります。

名詞は、実際に使用される場合には単数と複数のどちらかの形となるので、性数の組み合わせは、次の4タイプとなります。

	数	
性	男性単数	男性複数
	女性単数	女性複数

そして、名詞を限定したり修飾したりする冠詞や形容詞の形が変わります。

たとえば、英語では名詞が単数でも複数でも、定冠詞には the を用います。けれども、スペイン語では名詞の性数に合わせて、定冠詞の形が変わります。

形容詞も、名詞の性数に合わせて形が変わります。定冠詞の形は性数に合わせて4つの形に

なるのでそれを覚えてしまいます。形容詞の場合には、女性形や複数形を作る規則があるので、その規則をおさえておきましょう。

性の一致

スペイン語では、「(1着の) 白いドレス」は un（ウン） vestido（ベスティド） blanco（ブランコ）、「(1着の) 白いジャケット」は una（ウナ） chaqueta（チャケタ） blanca（ブランカ） といいます。

vestido がワンピース、chaqueta がジャケット、というのは想像がつくと思いますが、その前後の単語は、同じようでどこか違う、ということに気がつくでしょうか。並べて確認してみましょう。

不定冠詞	名詞	形容詞
un（ウン）	vestido（ベスティド） ワンピース	blanco（ブランコ） 白い
una（ウナ）	chaqueta（チャケタ） ジャケット	blanca（ブランカ） 白い

人間や動物など、自然の性があるものを表す名詞は、その性に合わせて男性名詞、女性名詞となり、ものやことを表す名詞の場合は、その語尾の文字によってだいたい判断できます。

vestido は男性名詞、chaqueta は女性名詞です。**例外もありますが、-o で終わる多くの名詞が男性名詞、-a で終わる多くの名詞が女性名詞です。**

そして、この名詞の性によって、それを修飾する形容詞や、特定もしくは不特定を表す冠詞の形が変わります。つまり、**名詞が指令を出して、それに関わる他の品詞の性を決めている、**ということになります。「男子学生と女子学生の制服が違うようなもの」と覚えておくとよいでしょう。

数の一致

名詞は性以外にも数を表します。複数形は、英語と同じ -s（あるいは -es）を付けて表します。そして、名詞が複数形になると、冠詞や形容詞など、名詞に関わるほかの品詞も複数形になります（英語とは異なり、スペイン語には不定冠詞の複数形があります）。

不定冠詞	名詞	形容詞
unos（ウノス）	vestidos（ベスティドス） ワンピース	blancos（ブランコス） 白い
unas（ウナス）	chaquetas（チャケタス） ジャケット	blancas（ブランカス） 白い

不定冠詞と形容詞のほかに、定冠詞、指示詞なども名詞の性数に合わせて形が変わります。このように、名詞の性数は他の品詞にも影響するので、新しい名詞が出てきたときは、その性も確認し、一緒に覚えるようにしましょう。

動詞は、その原形の語尾によって 3種類に分けられます

スペイン語の動詞は、原形（不定詞）の語尾により、ar 型動詞、er 型動詞、ir 型動詞の3種類に分かれます。

それぞれ、語尾が -ar, -er, -ir で終わる動詞です。**規則活用の動詞は、これらの語尾が主語の人称と数に従って、それぞれ同じ形に活用します。**

まずは、現在形の活用で確認してみましょう。

	主語	ar 型動詞 hablar（アブラール） 話す	er 型動詞 comer（コメール） 食べる	ir 型動詞 vivir（ビビール） 住む
単数	1人称 yo（ジョ） 私は	hablo（アブロ）	como（コモ）	vivo（ビボ）
	2人称 tú（トゥ） 君は	hablas（アブラス）	comes（コメス）	vives（ビベス）
	3人称 usted（ウステ）,él（エル）/ella（エジャ） あなたは、彼 / 彼女は	habla（アブラ）	come（コメ）	vive（ビベ）
複数	1人称 nosotros（ノソトロス）/nosotras（ノソトラス） 私たちは	hablamos（アブラモス）	comemos（コメモス）	vivimos（ビビモス）
	2人称 vosotros（ボソトロス）/vosotras（ボソトラス） 君たちは	habláis（アブライス）	coméis（コメイス）	vivís（ビビス）
	3人称 ustedes（ウステデス）,ellos（エジョス）/ellas（エジャス） あなたたちは、彼 / 彼女らは	hablan（アブラン）	comen（コメン）	viven（ビベン）

活用した語尾（表内の赤字の部分）には、時制、主語の人称・数などの情報が、語幹（黒字の部分）には意味についての情報が含まれています。

hablar（アブラール）
habl ↑ 意味　ar ↑ 時制、主語の人称・数などにより形が変わる

例 vivo（ビボ） ⇒ viv「住む」＋ o（1人称単数・現在）⇒「私は住む」

例 comemos（コメモス） ⇒ com「食べる」＋ emos（1人称複数・現在）⇒「私たちは食べる」

このように**動詞の活用した語尾を見れば主語の人称・数がわかるので、主語があいまいな場合や、強調したい場合を除いて、スペイン語では主語を明らかにする必要はありません。**

あいまいな場合というのは、たとえば主語が3人称（話し手や聞き手以外）であり、文脈か

らの判断が難しいときです。

ここで見た現在形の活用は、正確には直説法現在形と言います。

スペイン語には、前のページで見た直説法のほかに、おもに従属節で用いられる接続法、命令を表す命令法があります。

また、直説法にも、現在のほかに点過去、線過去、未来、過去未来があり、さらに、接続法現在形と過去形などもあり、すべてを覚えるとなると気が遠くなるかもしれません。

けれども、基本は直説法現在形です。この活用をしっかり覚えておけば、それほどの苦労は感じないはずです。

それぞれの時制において、もちろん不規則活用もありますが、基本は規則活用です。直説法現在の規則活用をしっかり覚え、動詞活用の体系になじむようにしましょう。

話し相手を指す代名詞には 2種類あります

「私は」など、主語の位置にくる人称代名詞を主格人称代名詞といいます。

それぞれ、1人称は「話し手」、2人称は「話し相手」、3人称は「第三者」を指します。

tú は親しい間柄、usted は初対面の人など、親しくない間柄の場合に使います。

人称	場面	単数	複数
1人称	話し手	**yo**（ジョ） 私は（が） ＊男性／女性	**nosotros**（ノソトロス） 私たちは（が） ＊男性のみ／男性＋女性
			nosotras（ノソトラス） 私たちは（が） ＊女性のみ
2人称	話し相手（聞き手）	**tú**（トゥ） 君は（が） ＊男性／女性	**vosotros**（ボソトロス） 君たちは（が） ＊男性のみ／男性＋女性
			vosotras（ボソトラス） 君たちは（が） ＊女性のみ
3人称		**usted**（ウステ） あなたは（が） ＊男性／女性	**ustedes**（ウステデス） あなた方は（が） ＊男性のみ／女性のみ／男性＋女性
	第三者	**él**（エル） 彼は（が）	**ellos**（エジョス） 彼らは（が） ＊男性のみ／男性＋女性
		ella（エジャ） 彼女は（が）	**ellas**（エジャス） 彼女らは（が） ＊女性のみ

usted（ウステ）は、もともと vuestra（ブエストラ） merced（メルセ）（あなた様の恩恵→閣下）なので、3人称となっています。usted（ウステ）/ustedes（ウステデス）で話す場合に気をつけましょう。

肯定文、否定文など文の構成と作り方を見てみましょう

肯定文

肯定文の構成要素の語順は次の通りです。

主語	+	動詞	+	直接目的語	+	間接目的語
マリア		エントレガ		エル　インフォルメ		ア　ス　ヘフェ
例 **María**		**entrega**		**el informe**		**a su jefe.**
マリア（は）		提出する		報告書（を）		彼女の上司（に）

疑問文

疑問文は、17 ページで見たように、文を疑問符（¿ ?）で囲んでつくります。

sí（シ） / no（ノ）「はい / いいえ」で答える疑問文の場合

肯定文の前後を疑問符で囲むだけでも疑問文になりますが、動詞の後ろに主語を置くのが一般的です。

例 **Marcos trabaja en un banco.**（マルコス　トラバハ　エン　ウン　バンコ）　マルコスは銀行で働いています。

↓

¿Marcos trabaja en un banco?（マルコス　トラバハ　エン　ウン　バンコ）　マルコスは銀行で働いていますか？

¿Trabaja Marcos en un banco?（トラバハ　マルコス　エン　ウン　バンコ）

「はい」は Sí（シ）、「いいえ」は No（ノ）です。

答えの文

Sí, (Marcos) trabaja en un banco.（シ　マルコス　トラバハ　エン　ウン　バンコ）

はい、（マルコスは）銀行で働いています。

No, (Marcos) no trabaja en un banco.（ノ　マルコス　ノ　トラバハ　エン　ウン　バンコ）

いいえ、（マルコスは）銀行で働いていません。

＊「いいえ」で答える文の文頭の No は、「いいえ」を表す no で、動詞 trabaja の前の no は「～でない」と、動詞を否定して、否定文をつくる no です。英語でいうと、最初が no、次が not に相当します。

■疑問詞のある疑問文の場合■

主語は動詞の後ろに置きます。

例 ¿Dónde vive Carmen?（ドンデ ビベ カルメン）

疑問詞 ＋ 動詞 ＋ 主語

カルメンはどこに住んでいますか？

否定文

活用した動詞の前に否定の no を置きます。

例 Carlos come pescado crudo.（カルロス コメ ペスカド クルド）　カルロスは生の魚を食べる。

↓

Carlos no come pescado crudo.（カルロス ノ コメ ペスカド クルド）　カルロスは生の魚を食べない。

命令文

ふつう主語を表しませんが、表すときは、［動詞＋主語］の順になります。

例 Habla (tú) más alto.（アブラ トゥ マス アルト）（君）もっと大きな声で話しなさい。

動詞　主語

目的格人称代名詞は活用した動詞の前に置きます

目的語が名詞句の場合は、活用した動詞の後ろに［直接目的語＋間接目的語］の順で置くのが一般的ですが、これらが代名詞になると、活用した動詞の前に目的格人称代名詞を置きます。

例 Escribo el informe mañana.（エスクリボ エル インフォルメ マニャナ）　明日、私は報告書を書く。

動詞　目的語

Lo escribo mañana.（ロ エスクリボ マニャナ）　明日、私はそれを書く。

目的格人称代名詞　動詞

目的語が2つある場合は、［間接目的格人称代名詞＋直接目的格人称代名詞］の順になります。

例 **Entrego**（エントレゴ） el（エル） **informe**（インフォルメ） al（アル） **director**（ディレクトール）. 私は報告書を部長に渡す。

動詞　目的語　目的語

私はそれを彼に渡す。

名詞とその他の品詞の位置関係には決まりがあります

名詞と冠詞や形容詞の位置関係には、次のような決まりがあります。

▌冠詞＋名詞▐

定冠詞、不定冠詞ともに名詞の前に置きます。

例 **el**（エル） **niño**（ニーニョ） その男の子　**un**（ウン） **niño**（ニーニョ） ある男の子

定冠詞　名詞　不定冠詞　名詞

▌名詞＋形容詞▐

❶多くの場合、形容詞は名詞の後ろに置きます。

例 **coche**（コチェ） **negro**（ネグロ） 黒い車　**chica**（チカ） **lista**（リスタ） 利口な女の子

名詞　形容詞　名詞　形容詞

❷ bueno（ブエノ）「よい」、malo（マロ）「悪い」など、名詞の前に置かれやすい形容詞もあります。

例 **buena**（ブエナ） **persona**（ペルソナ） よい人　**mala**（マラ） **noticia**（ノティシア） 悪いニュース

形容詞　名詞　形容詞　名詞

❸名詞の前に置くか、後ろに置くかで意味やニュアンスの変わる形容詞もあります。

例 **mujer**（ムヘール） **pobre**（ポブレ） 貧しい女性　**pobre**（ポブレ） **mujer**（ムヘール） 気の毒な女性

名詞　形容詞　形容詞　名詞

スペイン語の数字の表し方

数字の表し方の決まりを覚えましょう

スペイン語の数字の表し方は次のとおりです。ただし、一度に全部を覚える必要はありません。まずは時間が言えるように 1 ～ 12 を、その後、分まで言えるように 30 まで、そして次は 100 まで……というように、覚えられる範囲で少しずつ覚えてください。

スペインの通貨単位はユーロです。100 の位まで覚えておけば、お土産品や日用品を買うには十分です。

1～30 までの数字

DL 1_09

1	ウノ uno	11	オンセ once	21	ベインティウノ veintiuno
2	ドス dos	12	ドセ doce	22	ベインティドス veintidós
3	トレス tres	13	トレセ trece	23	ベインティトレス veintitrés
4	クアトロ cuatro	14	カトルセ catorce	24	ベインティクアトロ veinticuatro
5	シンコ cinco	15	キンセ quince	25	ベインティシンコ veinticinco
6	セイス seis	16	ディエシセイス dieciséis	26	ベインティセイス veintiséis
7	シエテ siete	17	ディエシシエテ diecisiete	27	ベインティシエテ veintisiete
8	オチョ ocho	18	ディエシオチョ dieciocho	28	ベインティオチョ veintiocho
9	ヌエベ nueve	19	ディエシヌエベ diecinueve	29	ベインティヌエベ veintinueve
10	ディエス diez	20	ベインテ veinte	30	トレインタ treinta

ディエシ dieci「10 と～」　ベインティ veinti「20 と～」

＊1の位が1で、後ろに名詞が続く場合、名詞の性数によって un, una となります（11 以外）。

例 ベインティウン veintiún コチェス coches（男性・複数）　21 台の車

例 ベインティウナ veintiuna ビシクレタス bicicletas（女性・複数）　21 台の自転車

30 以降の数字

30 以降の数字は、接続詞の y（イ）（英語の and にあたる）を使って、「30 と 1, 2, 3……」という言い方をします。

DL 1_10

30	treinta（トレインタ）	y（イ）	1	uno（ウノ）
40	cuarenta（クアレンタ）		2	dos（ドス）
50	cincuenta（シンクエンタ）		3	tres（トレス）
60	sesenta（セセンタ）		4	cuatro（クアトロ）
70	setenta（セテンタ）		5	cinco（シンコ）
80	ochenta（オチェンタ）		6	seis（セイス）
90	noventa（ノベンタ）		7	siete（シエテ）
			8	ocho（オチョ）
			9	nueve（ヌエベ）

例 31 = treinta y uno（トレインタ イ ウノ）
42 = cuarenta y dos（クアレンタ イ ドス）
75 = setenta y cinco（セテンタ イ シンコ）

＊1の位が1で、後ろに名詞が続く場合、名詞の性数によって un, una となります。

例 treinta y un coches（トレインタ イ ウン コチェス） 男性・複数
31 台の車

例 treinta y una bicicletas（トレインタ イ ウナ ビシクレタス） 女性・複数
31 台の自転車

100 ～ 1000 までの数字

DL 1_11

100	cien（シエン）
101	ciento uno（シエント ウノ）
200	doscientos/doscientas（ドスシエントス/ドスシエンタス）
300	trescientos/trescientas（トレスシエントス/トレスシエンタス）
400	cuatrocientos/cuatrocientas（クアトロシエントス/クアトロシエンタス）
500	quinientos/quinientas（キニエントス/キニエンタス）
600	seiscientos/seiscientas（セイスシエントス/セイスシエンタス）
700	setecientos/setecientas（セテシエントス/セテシエンタス）
800	ochocientos/ochocientas（オチョシエントス/オチョシエンタス）
900	novecientos/novecientas（ノベシエントス/ノベシエンタス）
1000	mil（ミル）

＊200 ～ 900 には女性形があります。

＊100 ぴったりは cien（シエン）、端数がつくと ciento（シエント）となります。

例 ciento diez（シエント ディエス） = 110　ciento cincuenta y siete（シエント シンクエンタ イ シエテ） =157

＊100 の後ろに名詞や数詞の mil（ミル）, millones（ミジョネス）が来る場合は、cien のままです。

例 cien euros（シエン エウロス） 100 ユーロ　cien mil yenes（シエン ミル ジェネス） 100.000 円

1000 以上の数字

DL 1_12

1.001	mil uno (ミル ウノ)	20.000	veinte mil (ベインテ ミル)
1.100	mil cien (ミル シエン)	100.000	cien mil (シエン ミル)
2.000	dos mil (ドス ミル)	101.000	ciento un mil (シエント ウン ミル)
3.000	tres mil (トレス ミル)	1.000.000	un millón (ウン ミジョン)
10.000	diez mil (ディエズ ミル)	2.000.000	dos millones (ドス ミジョネス)
15.000	quince mil (キンセ ミル)		

1.000 以上 1.000.000 未満

1.000 以上 1.000.000 未満のときは、次のように言います。

50.000
cincuenta mil (シンクエンタ ミル)

950.000
novecientos cincuenta mil (ノベシエントス シンクエンタ ミル)

＊ mil (ミル) は変化しませんが、millón (ミジョン) には複数形があります。

＊ millón (ミジョン) はほかの数詞と異なり、形容詞としてははたらかないので、後ろに名詞が続く場合は前置詞の de (デ) が必要になります。

例 dos millones de habitantes (ドス ミジョネス デ アビタンテス)　人口 200 万人

＊ただし、下位の数詞があるときは必要ありません。

例 dos millones cuatrocientos mil habitantes (ドス ミジョネス クアトロシエントス ミル アビタンテス)　人口 240 万人

序数詞

序数詞は、「～番目の」を表す数詞です。話し言葉では、11 番目以降には基数を使う傾向にあります。

DL 1_13

1番目の	primero（プリメロ） / primera（プリメラ）	6番目の	sexto（セ(ク)スト） / sexta（セ(ク)スタ）
2番目の	segundo（セグンド） / segunda（セグンダ）	7番目の	séptimo（セプティモ） / séptima（セプティマ）
3番目の	tercero（テルセロ） / tercera（テルセラ）	8番目の	octavo（オクタボ） / octava（オクタバ）
4番目の	cuarto（クアルト） / cuarta（クアルタ）	9番目の	noveno（ノベノ） / novena（ノベナ）
5番目の	quinto（キント） / quinta（キンタ）	10 番目の	décimo（デシモ） / décima（デシマ）

＊通常、［序数詞＋名詞］の語順で用い、名詞の性数に一致させます。

例 **el**（エル） **segundo**（セグンド） **piso**（ピソ）　3階
la（ラ） **segunda**（セグンダ） **fila**（フィラ）　2列目

＊ **primero**（プリメロ）と **tercero**（テルセロ）は男性単数名詞の前で -o が脱落し、**primer**（プリメール）, **tercer**（テルセール）となります。

例 **el**（エル） **primer**（プリメール） ministro（ミニストロ）　首相　　**el**（エル） **tercer**（テルセール） mundo（ムンド）　第三世界

＊国王、法王を「…世」、「…世紀」など、ローマ数字で表す場合は序数詞を用います。

例 **Isabel Ⅰ (Isabel**（イサベル） **primera**（プリメラ）**)**
イザベル1世
Felipe Ⅱ (Felipe（フェリペ） **segundo**（セグンド）**)**
フェリペ2世

スペイン語の簡単フレーズ

あいさつや、お礼、謝罪などの簡単なフレーズを紹介します。音声を聞きながら、声に出して練習してみてください。

初対面のあいさつ

メ ジャモ サオリ
Me llamo Saori.
私の名前はサオリです。

エンカンタド
¡Encantado!
はじめまして！

エンカンタダ
¡Encantada!
はじめまして！

＊男性が言う場合と、女性が言う場合で語尾が変わります。

ムチョ グスト
¡Mucho gusto!
はじめまして！

＊話し相手の性別にかかわらず使える表現です。

1日のあいさつ

ブエノス ディアス
¡Buenos días!
おはよう（ございます）/ こんにちは！

＊午前中（スペインでは昼食が遅いので14時ごろまで）に使います。

オラ
¡Hola!
こんにちは！

＊時間に関係なく使える便利な表現です。

ブエナス タルデス
¡Buenas tardes! こんにちは！ ＊14時ごろから日が暮れるころまで使います。

ブエナス ノチェス
¡Buenas noches! こんばんは！/ おやすみなさい！ ＊夕方から夜にかけて使います。

様子をたずねる

¿Cómo está usted?（コモ エスタ ウステ）
（あなたは）お元気ですか？

Estoy bien, gracias.（エストイ ビエン グラシアス）
元気です、ありがとう。

＊目上の人には usted（ウステ）を使って聞きます。

¿Qué tal?（ケ タル）　（君は）元気？　＊親しい間柄の人にはこのように聞きます。

別れのあいさつ

Hasta mañana.（アスタ マニャナ）
また明日。

Adiós.（アディオス）
さようなら。

Hasta luego.（アスタ ルエゴ）　またあとで。　＊このような言い方もあります。

お礼や謝罪

Gracias.（グラシアス）　ありがとう。
De nada.（デ ナダ）　どういたしまして。
Perdón.（ペルドン）　すみません。
Lo siento.（ロ シエント）　ごめんなさい。

返事をする

Sí.（シ）　はい。
No.（ノ）　いいえ。
¡De acuerdo!（デ アクエルド）　了解！

COLUMNA

スペインでの「所変われば」な体験

スペインでは、女の子の多くは生まれて少ししたらピアスの穴を開けるようです。そのため、小学生でもピアスをしています。

日本のように、高校で禁止されていて、チェックのために耳を引っ張られるなんてことはありません。

当時、ピアスをしていなかった私は「留学生活の最後に」と決意。隣に住んでいた看護師とその娘さんに連れられて、近所の薬局へ。最初はすいていたのに、担当の女性がピアスの準備をしに奥に行っている間に、大勢のお客さんが……。みなさん、大人になってはじめて穴をあける東洋人に興味津々。待たされているのに文句も言わず、ずっと私を見つめています。

担当者に、「大丈夫。un momento で終わるから」と言われ、「un momento じゃない。dos momentos よ。耳は2つだから」と動揺を隠しつつ話している間に、ついに耳にはピアスが。その瞬間、大勢いたお客さんからは大きな拍手をいただきました。

高校の検査……といえば、スペイン人の髪の色は金髪から黒髪、茶髪、赤毛などさまざまです。なので、頭髪検査もできませんよね。そう考えると、日本というのは単一民族だからか、かなり厳しい気がします。

また、スペイン人は目の色も髪の色も、年齢とともに変わることがあるそうです。そしてなんと鼻も成長して高くなるとか。日本人にとってはうらやましい限りですが、スペインでは高くなってしまった鼻を嫌がって、わざわざ低くする整形をする人がいるようです。隣の芝生は青い、ということでしょうか。

スペイン語の呼びかけの表現に、chata があるのですが、意味は「鼻ぺちゃ」。恋人同士で cariño「愛情」、cielo「空」などと呼び合ったり、友人同士でも「美しい」を表す guapa などを使うのですが、chata もそのような呼びかけに使われる表現の1つなのです。

「かわいい」という意味が含まれているようなのですが、鼻の低い日本人としてはなんとも複雑な気分になってしまいました。

スペイン語の基本表現

Lección 1 「カフェオレを１つ」

名詞の性数

名詞の語尾は性や数に合わせて変化します。変化のしかたを見てみましょう。

ウン　カフェ　コン　レチェ　イ　ドス　チュロス　ポル　ファボール

Un café con leche y dos churros, por favor.

名詞（単数）　接続詞　名詞（複数）

カフェオレを１つ と チュロスを２本 お願いします。

文法の解説

1 名詞には性がある（▶ p17）

- -o で終わる名詞は男性名詞、-a で終わる名詞は女性名詞が多いです。

■物や事を表す名詞

	語尾が -o/-a で終わる名詞	その他の語尾で終わる名詞
男性名詞	リブロ libro 本 ボリグラフォ bolígrafo ボールペン	エクサメン examen 試験 モビル móvil 携帯電話
女性名詞	アヘンダ agenda 手帳 ゴマ goma 消しゴム	ウニベルシダ universidad 大学 カンシオン canción 歌

-dad, -tad, -ción, -sión, -tión で終わる名詞はすべて女性名詞

■生物を表す名詞

-o で終わる男性名詞→語尾を -a に　［子音で終わる名詞 +a］→女性名詞 に

	男性	女性	男性	女性
単数	アミーゴ amigo 友達	アミーガ amiga	プロフェソール profesor 教授	プロフェソーラ profesora
複数	アミーゴス amigos	アミーガス amigas	プロフェソーレス profesores	プロフェソーラス profesoras

＋s　＋es　＋s

- 他の子音や母音で終わる名詞や、-a で終わる男性名詞、-o で終わる女性名詞もあります。新しい名詞が出てきたら、必ず性を確認しましょう。

　例 男 マパ mapa 地図、クリマ clima 気候 ／ 女 フォト foto 写真、モト moto バイク

- 男女同形の名詞、単複同形の名詞もあります。

　例 男女同形の名詞：エストゥディアンテ estudiante 学生

　単複同形の名詞：パラグアス paraguas 傘

使ってみよう

Camarero：¡Hola!（カマレロ：オラ）
やあ、
Buenos días.（ブエノス ディアス）
おはよう。

¡Hola!（オラ）は1日中使えるあいさつです。まず覚えておくと便利です。

Saori：¡Hola!（サオリ：オラ）
おはよう。
Un café con leche,（ウン カフェ コン レチェ）
por favor.（ポル ファボール）
カフェオレを１つお願い。

por favor（ポル ファボール）「どうぞ」「お願いします」の意味で使います。

Camarero：Ahora mismo.（カマレロ：アオラ ミスモ）
いますぐに。
¿Algo más?（アルゴ マス）
ほかには？

注文する場合、¿Algo más?（アルゴ マス）「ほかに何か?」と聞かれることがしばしばあります。ほかに何も必要ない場合は、Nada más, gracias.（ナダ マス グラシアス）「何もいりません、ありがとう」と伝えましょう。

Saori：Sí, dos churros.（サオリ：シ ドス チュロス）
ええ、チュロスを２本。
Camarero：De acuerdo.（カマレロ：デ アクエルド）
わかりました。

COLUMNA　スペインでのあいさつ

スペインではあいさつが基本です。バスに乗ってお金を払うとき、バルに入ったとき、知らない人同士がエレベーターで一緒になったときなどにもあいさつを交わします。いくつか表現を見ておきましょう。

- Buenos días.（ブエノス ディアス）　おはようございます。(14 時ごろまで) ＊昼食時間が 14 ～ 16 時ごろなので
- Buenas tardes.（ブエナス タルデス）　こんにちは。(日が暮れるまで)
- Buenas noches.（ブエナス ノチェス）　こんばんは。/ おやすみなさい。
- Adiós.（アディオス）　さようなら。

書いて覚えよう

この課で出てきた文法要素を含む例文を、音声を聞きながら、書いて覚えましょう。

●自然の性がある人間や動物に関係する名詞が、男女でどのように対応しているか確認しましょう。複数形も一緒に見ておきましょう。

	男の子 男	女の子 女
単数	ニーニョ niño	ニーニャ niña
複数	ニーニョス niños	ニーニャス niñas

	日本人 男	日本人 女
単数	ハポネス japonés	ハポネサ japonesa
複数	ハポネセス japoneses	ハポネサス japonesas

	学 生 男 女 同形
単数	エストゥディアンテ estudiante
複数	エストゥディアンテス estudiantes

	俳優 男	女優 女
単数	アクトール actor	アクトリス actriz*
複数	アクトレス actores	アクトリセス actrices

* 意味的には対応しているのに、男女で形が異なる名詞です。

覚えておこう！

● -z で終わる名詞の複数形

-z で終わる名詞の複数形は、上の actriz → actrices のように、
-z を c に変えて es をつけます。

例 ラピス lápiz 鉛筆 ➡ ラピセス lápices
ルス luz 光、明かり ➡ ルセス luces

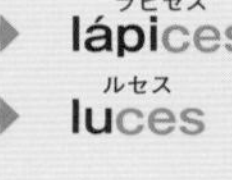

練習してみよう

この課で出てきた文法要素を含む練習問題を解いて、学んだことを定着させましょう。

練習問題1 語尾に注目して、男性名詞と女性名詞に分けましょう。

1 cocina（コシナ）台所　dormitorio（ドルミトリオ）寝室
baño（バニョ）バスルーム　habitación（アビタシオン）部屋

男性名詞	女性名詞

2 silla（シージャ）いす　mesa（メサ）テーブル
cama（カマ）ベッド　armario（アルマリオ）洋服ダンス

男性名詞	女性名詞

3 toalla（トアージャ）タオル　vaso（バソ）コップ
papelera（パペレラ）ごみ箱　plato（プラト）皿

男性名詞	女性名詞

練習問題2 下の語句を指示にしたがって、書き直しましょう。

1 japonés（ハポネス）　日本人男性➡「日本人女性」に ____________

2 estudiante（エストゥディアンテ）　学生➡「学生たち」に ____________

3 actrices（アクトリセス）　女優たち➡「女優」に ____________

4 niñas（ニーニャス）　女の子たち➡「女の子」に ____________

解答

練習問題1

1 男性名詞 : dormitorio（ドルミトリオ）, baño（バニョ）　女性名詞 : cocina（コシナ）, habitación（アビタシオン）
2 男性名詞 : armario（アルマリオ）　女性名詞 : silla（シージャ）, mesa（メサ）, cama（カマ）
3 男性名詞 : vaso（バソ）, plato（プラト）　女性名詞 : toalla（トアージャ）, papelera（パペレラ）

練習問題2

1 japonesa（ハポネサ）　2 estudiantes（エストゥディアンテス）　3 actriz（アクトリス）　4 niña（ニーニャ）

Lección 2 「1つの～」

冠詞の性数

冠詞には不定冠詞と定冠詞があり、名詞の前に置きます。どちらも名詞の性数に合わせて形が変わります。

ウナ　トアージャ　ポル　ファボール

Una toalla, por favor.

不定冠詞　名詞（単数）

（1枚の）タオル をお願いします。

文法の解説

1 不定冠詞は文章や会話で、初めて話題にする名詞につけ、「ある～」を表す

- 単数の un（ウン）, una（ウナ）は「1つの、1人の」の意味もあります。
- 複数の unos（ウノス）, unas（ウナス）は「いくつかの、何人かの」を意味することもあります。

例 un libro（ウン リブロ）　ある／1冊の本　unos libros（ウノス リブロス）　ある（複数の）／何冊かの本

たとえば、昔話の「むかしむかし、ある男が……」という場合の、「男」につけるのが不定冠詞です。

	男性	女性
単数	un niño（ウン ニーニョ）　ある／1人の男の子	una niña（ウナ ニーニャ）　ある／1人の女の子
複数	unos niños（ウノス ニーニョス）　ある／何人かの子どもたち	unas niñas（ウナス ニーニャス）　ある／何人かの女の子たち

男の子だけの場合と、男の子＋女の子の場合がある

2 定冠詞は文章や会話で、すでに話題としてあがっている名詞につけ、「その～」を表す

- el sol（エル ソル）「太陽」、la luna（ラ ルナ）「月」のように、世界に1つしかないものにも定冠詞がつきます。

「ある男が川辺にすんでいました。その男は…」という場合の、2つめの「男」につけるのが定冠詞です。

	男性	女性
単数	el niño（エル ニーニョ）　その男の子	la niña（ラ ニーニャ）　その女の子
複数	los niños（ロス ニーニョス）　それらの子ども	las niñas（ラス ニーニャス）　それらの女の子

男の子だけの場合と、男の子＋女の子の場合がある

使ってみよう

サオリ Saori： ウン Un テネドール tenedor, ウノス unos テネドーレス tenedores,
1本のフォーク、数本のフォーク、
ウナ una クチャラ cuchara, ウナス unas クチャラス cucharas...
1本のスプーン、数本のスプーン……

カルメン Carmen： シ Sí.
そうね。

サオリ Saori： エル El テネドール tenedor, ロス los テネドーレス tenedores,
そのフォーク、それらのフォーク、
ラ la クチャラ cuchara, ラス las クチャラス cucharas...
そのスプーン、それらのスプーン……

カルメン Carmen： バレ Vale.
そうよ。

サオリ Saori： ラ La アウラ aula, ラス las アウラス aulas...
その教室、それらの教室……

セ ディセ se dice は「～と言う」という意味。

カルメン Carmen： ノ No, サオリ Saori. ノ No セ Se ディセ dice “ラ la アウラ aula”.
ちがうわ、サオリ。la aula とは言わないの。
エル El アウラ aula.
El aula よ。

ちょっとひと言！

ノ No セ se ディセ dice “ラ la アウラ aula”. エル El アウラ aula.

la aula とは言わないの。el aula よ。

アウラ aula「教室」は女性名詞ですが、単数形の場合、男性の定冠詞 エル el を用います。アクセントのある a-, ha-（どちらも「ア」で始まる女性単数名詞の定冠詞）には ラ la ではなく エル el を用いるという約束事があるからです。

書いて覚えよう

この課で出てきた文法要素を含む例文を、音声を聞きながら、書いて覚えましょう。

ウン アミーゴ
un amigo
（男性の）友達

ウノス アミーゴス
unos amigos
友人たち

ウナ アミーガ
una amiga
（女性の）友達

ウナス アミーガス
unas amigas
（女性の）友人たち

ウン コチェ
un coche
（1台の）車

ウノス コチェス
unos coches
（何台かの）車

エル コチェ
el coche
（その）車

ロス コチェス
los coches
（それらの）車

ウナ シージャ
una silla
（1脚の）椅子

ウナス シージャス
unas sillas
（いくつかの）椅子

ラ シージャ
la silla
（その）椅子

ラス シージャス
las sillas
（それらの）椅子

ウン エストゥディアンテ
un estudiante
（1人の男子）学生

ウナ エストゥディアンテ
una estudiante
（1人の女子）学生

ウノス エストゥディアンテス
unos estudiantes
（数人の）学生

ウナス エストゥディアンテス
unas estudiantes
（数人の女子）学生

覚えておこう！

●男女同形の名詞 estudiante（エストゥディアンテ）などは、実際に指す「学生」が男性か女性かにより、名詞につける冠詞や形容詞の形が変わります（▶ p40）。

例 un（ウン） estudiante（エストゥディアンテ） 男 ／ una（ウナ） estudiante（エストゥディアンテ） 女　ひとりの / ある学生
un（ウン） estudiante（エストゥディアンテ） aplicado（アプリカード） 男／ una（ウナ） estudiante（エストゥディアンテ） aplicada（アプリカーダ） 女　勉強家の学生

●単複同形の名詞 paraguas（パラグアス）「傘」などは、実際に指す「傘」が単数か複数かにより、名詞につける冠詞や形容詞の形が変わります。

例 un（ウン） paraguas（パラグアス） 単　ある／1本の傘／ unos（ウノス） paraguas（パラグアス） 複　ある／何本かの傘
un（ウン） paraguas（パラグアス） grande（グランデ） 単 ／ unos（ウノス） paraguas（パラグアス） grandes（グランデス） 複　大きな傘

練習してみよう

この課で出てきた文法要素を含む練習問題を解いて、学んだことを定着させましょう。

練習問題1 右の青字の指示に従って、（　　）内に適する冠詞を入れてください。

1 (　　　　　　) revista（レビスタ） 女　ある雑誌　←不定冠詞に

2 (　　　　　　) diccionario（ディクシオナリオ） 男　その辞書　←定冠詞に

3 (　　　　　　) motos（モトス） 女　それらのバイク　←定冠詞に

4 (　　　　　　) animales（アニマレス） 男　それらの動物　←定冠詞に

練習問題2 内容を考えながら、（　　）の中に定冠詞か不定冠詞の適切な形を入れてください。

ある村に、1人の**女の子** 1 (________) niña（ニーニャ） がお母さんと住んでいました。その**女の子** 2 (________) niña（ニーニャ） には**お兄さんが**1人 3 (________) hermano（エルマノ） いるのですが、お兄さんは遠く離れた町に住んでいて、クリスマスのときにしか会うことができませんでした。

その年のクリスマス、お兄さんは女の子に1枚の**赤いセーター** 4 (________) jersey rojo（ヘルセイ ロホ） 男と、いくつかの**チョコレートのお菓子** 5 (________) bombones（ボンボネス） 男を持ってきてくれました。その**セーター** 6 (________) jersey（ヘルセイ） は女の子にとてもよく似合いました。そして、それらの**チョコレートのお菓子** 7 (________) bombones（ボンボネス） はおいしくて、3人で分け合って食べました。

　　　部分を参考に適切な定冠詞か不定冠詞を入れましょう。

解答

練習問題1

1 una（ウナ）　2 el（エル）　3 las（ラス）　4 los（ロス）

練習問題2

1 una（ウナ）　2 la（ラ）　3 un（ウン）　4 un（ウン）　5 unos（ウノス）　6 el（エル）　7 los（ロス）

Lección 3 「白い～」

形容詞の性数

形容詞も名詞の性数に合わせて形が変わります。

ラ　チカ　コン　ラ　カミサ　ブランカ

La chica con la camisa blanca.

名詞（女性）　名詞（女性）＋形容詞

白いシャツの 女性。

文法の解説

1 形容詞は、名詞を直接修飾したり、補語の役割をはたす

- ［名詞＋形容詞］の語順で名詞を直接修飾します。

例 **una camisa blanca**（ウナ カミサ ブランカ） 白いシャツ　**una camisa verde**（ウナ カミサ ベルデ） 緑のシャツ

- **ser**（セール）（▶ p44）, **estar**（エスタール）（▶ p56）など、A（主語）＝B（補語）を表す動詞が入る文では、形容詞はB（補語）の位置に置きます。

例 **El coche de María es blanco.**（エル コチェ デ マリア エス ブランコ） マリアの車は白い。

2 修飾する名詞の性数に合わせ、形容詞の語尾が変わる

	-o：性数に合わせて変化		-o 以外：数に合わせて変化	
	blanco（ブランコ） 白い		verde（ベルデ） 緑色の	
	男性	女性	男性	女性
単　数	blanco（ブランコ）	blanca（ブランカ）	verde（ベルデ）	
複　数	blancos（ブランコス）	blancas（ブランカス）	verdes（ベルデス）	

- 子音で終わる地名、国名を表す形容詞は、＋ -a で女性形になります。

例 **japonés**（ハポネス） ➡ **japonesa**（ハポネサ） 日本の

- ［形容詞＋名詞］の語順になることがあります。

＊ **bueno**（ブエノ）「よい」、**malo**（マロ）「悪い」は名詞の前に置かれやすく、［形容詞＋名詞］の語順になることがあります。

例 **un buen chico**（ウン ブエン チコ） よい子

＊男性単数名詞の前では -o が落ち、**buen**（ブエン）, **mal**（マル） となります。

例 **un mal chico**（ウン マル チコ） 悪い子

基本のほかに覚えておくと便利です

使ってみよう

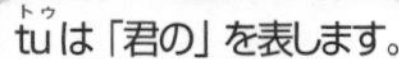

Saori： **Tu casa es muy bonita, Carmen.**
あなたのお家はとても素敵ね、カルメン。

Carmen： **Gracias. Mira, es el salón.**
ありがとう。さあ、居間よ。

Carmen： **Es pequeño pero acogedor.**
小さいけど居心地がいいの。

Saori： **Es muy luminoso, con las ventanas grandes.**
大きい窓があって、とても明るいわね。

muy は「とても」を表す副詞。形容詞や他の副詞の前に置きます。

Saori： **¡Oh! El sofá es muy cómodo.**
まあ！ ソファがとても座りやすいわ。

直訳は「君は自分の家にいる」です。人を招待したときなどに、「自分の家にいると思ってくつろいでね」という意味を込めてこのように伝えます。

Carmen： **Estás en tu casa, Saori.**
くつろいでね、サオリ。

Saori： **Gracias.**
ありがとう。

ちょっとひと言！

Es pequeño pero acogedor. 小さいけど居心地がいいの。

acogedor「居心地のよい」のように、男性形が -or で終わる形容詞には＋ -a をつけて女性形を作ります。

例 una habitación acogedora　居心地のよい部屋

書いて覚えよう

この課で出てきた文法要素を含む例文を、音声を聞きながら、書いて覚えましょう。

エスタス カサス ソン グランデス
Estas casas son grandes.
これらの家は大きい。

●casa（カサ） 家
●grande（グランデ） 大きい

マヌエル エス ウン ブエン チコ
Manuel es un buen chico.
マヌエルはよい子です。

エス ウナ ブエナ オブラ
Es una buena obra.
それはよい作品です。

●obra（オブラ） 作品

ホセ イ ホルヘ ソン グアポス
José y Jorge son guapos.
ホセとホルヘはハンサムです。

●guapo（グアポ） きれい

イレネ イ マリナ ソン グアパス
Irene y Marina son guapas.
イレネとマリナは美人です。

練習してみよう

この課で出てきた文法要素を含む練習問題を解いて、学んだことを定着させましょう。

練習問題1

右の青字をヒントに、下の(　　　)内に入る適切な形を①～④から選んでください。

1 (　　　　) momento（モメント） 悪い時　　　　malo（マロ） 悪い

① malas（マラス）　② malo（マロ）　③ mal（マル）　④ mala（マラ）

2 coches（コチェス） (　　　　) 青い車　　　　azul（アスル） 青い

① azuls（アスルス）　② azulas（アスラス）　③ azul（アスル）　④ azules（アスレス）

3 mujeres（ムヘレス） (　　　　) 体の大きな女性たち　　　　grande（グランデ） 大きい

① granda（グランダ）　② grande（グランデ）　③ grandes（グランデス）　④ grandas（グランダス）

4 comida（コミダ） (　　　　) 和食　　　　japonés（ハポネス） 日本（人）の

① japonés（ハポネス）　② japonésa（ハポネサ）　③ japonesa（ハポネサ）　④ japones（ハポネス）

5 señor（セニョール） (　　　　) スペイン人（男性）　　　　español（エスパニョール） スペイン（人）の

① españole（エスパニョーレ）　② españolo（エスパニョーロ）　③ española（エスパニョーラ）　④ español（エスパニョール）

練習問題2

[　　] 内の形容詞を適切な形にして、(　　　) 内に入れてください。

1 María（マリア） es（エス） (　　　　　　).　　　　[rubio（ルビオ）　金髪の]

マリアは金髪です。

2 Joaquín（ホアキン） y（イ） Ana（アナ） son（ソン） (　　　　　　).　　　　[alto（アルト）　（背が）高い]

ホアキンとアナは背が高い。

3 Este（エステ） sofá（ソファ） es（エス） muy（ムイ） (　　　　　　).　　　　[cómodo（コモド）　心地よい]

このソファは座り心地がよい。

4 Emilio（エミリオ） es（エス） un（ウン） chico（チコ） muy（ムイ） (　　　　　　).　　　　[inteligente（インテリヘンテ）　頭がよい]

エミリオはとても頭のよい子です。

5 Las（ラス） ventanas（ベンタナス） de（デ） mi（ミ） habitación（アビタシオン） son（ソン） (　　　　　　).　[pequeño（ペケーニョ）　小さい]

私の部屋の窓は小さい。

解答

練習問題1　**1** ③　**2** ④　**3** ③　**4** ③　**5** ④

練習問題2　**1** rubia（ルビア）　**2** altos（アルトス）　**3** cómodo（コモド）　**4** inteligente（インテリヘンテ）　**5** pequeñas（ペケーニャス）

「私は～です。」

主格人称代名詞と動詞 ser の活用

主語にあたる主格人称代名詞は、１人称は「話し手」、２人称は「聞き手」、３人称は「第三者」を指します。

文法の解説

❶ 主格人称代名詞（主語の位置にくる代名詞）と動詞 ser（セール）「～です」の活用

文法的人称	場面	単数：主格人称代名詞	単数：動詞 ser（セル）	複数：主格人称代名詞	複数：動詞 ser（セル）
１人称	話し手	yo（ジョ） 私は（が）	soy（ソイ）	nosotros（ノソトロス）/nosotras（ノソトラス） 私たちは（が）	somos（ソモス）
２人称	話し相手（聞き手）	tú（トゥ） 君は（が）	eres（エレス）	vosotros（ボソトロス）/vosotras（ボソトラス） 君たちは（が）	sois（ソイス）
３人称	話し相手（聞き手）	usted（ウステ） あなたは（が）	es（エス）	ustedes（ウステデス） あなた方は（が）	son（ソン）
３人称	第三者	él（エル）/ella（エジャ） 彼 / 彼女は（が）	es（エス）	ellos（エジョス）/ellas（エジャス） 彼ら / 彼女らは（が）	son（ソン）

男性のみの場合と、男性＋女性の場合がある（ellos）　複数の女性（ellas）

❷ 主格人称代名詞の特徴

- ３人称単数と、１人称、２人称複数には男性と女性の区別があります（上の表内、色がついた文字の部分）。
- 話し相手（聞き手）を示す代名詞には、２人称と３人称があります。
  - ＊話し相手が親しい間柄の場合➡２人称の tú（トゥ）, vosotros（ボソトロス） / vosotras（ボソトラス） を使います。
  - ＊話し相手が初対面や、目上の人の場合➡３人称の usted（ウステ）, ustedes（ウステデス） を使います。

❸ 動詞 ser の特徴

- 動詞の活用から主語の人称と数が特定できるので、主語は省略されることが多いです。
- 「主語 A は補語 B です（A=B）」を表します（▶ p56）。
  - ＊ B の位置には名詞、形容詞、前置詞句などが来ます。
  - ＊ B が名詞や形容詞（▶ p40）の場合、A の性数と一致させます。

使ってみよう

Carmen：**¡Hola, Diego!**
こんにちは、ディエゴ！
Ella es Saori.
彼女はサオリ。
Es japonesa.
日本人よ。

サオリが女性なので、japonesa と女性形です。男性なら japonés となります。

Diego：**¡Hola! Soy Diego.**
やあ！　僕はディエゴです。
Saori：**Encantada, Diego.**
はじめまして、ディエゴ。
Eres español, ¿no?
あなたはスペイン人ですよね？

平叙文に¿no? を足すと、「～ですよね?」という付加疑問文になります。

Diego：**Sí, soy español.**
ええ、僕はスペイン人ですよ。
Soy de Segovia.
セゴビアの出身です。
Saori, ¿eres de Tokio?
サオリ、君は東京出身なの？

[ser de＋地名] で、「～出身です」を表します。「どちらの出身ですか?」と聞きたい場合には、¿De dónde eres? と尋ねます。

Saori：**No, no soy de Tokio.**
いいえ、私は東京出身ではないの。
Soy de Kanagawa,
cerca de Tokio.
東京の近くの、神奈川出身よ。

「～ではありません」と否定を表す場合には、活用した動詞の前に no を置きます（▶ p48）。

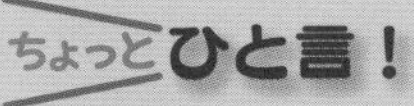

Encantada, Diego.
はじめまして、ディエゴ。

「はじめまして」は、自分が男性の場合は **Encantado**、女性なら **Encantada** を使います。また、はじめて会ったときのお別れの際に、**Adiós, encantado.**「さようなら。知り合いになれてうれしいよ。」という使い方もします。ほかに、「はじめまして」を表す言い方には、話し手の性に関係なく使える **Mucho gusto.** があります。覚えておくと便利です。

書いて覚えよう

この課で出てきた文法要素を含む例文を、音声を聞きながら、書いて覚えましょう。

ジョ ソイ ハポネス ハポネサ
Yo soy japonés [japonesa].
私は日本人です。

ノソトロス ソモス ハポネセス
Nosotros somos japoneses.
私たちは日本人です。

エジャス ソン ハポネサス
Ellas son japonesas.
彼女たちは日本人です。

エス エスパニョール エスパニョーラ
Es español [española].
彼（彼女）はスペイン人です。

エレス デ マドリ
¿Eres de Madrid?
君はマドリード出身なの？

練習してみよう

この課で出てきた文法要素を含む練習問題を解いて、学んだことを定着させましょう。

練習問題1

下の①～④から、(　　　) 内に入る適切な形を選んでください。

> 2 4 は名詞の形に注意して性を判断してください。(p32 参照)

1 (　　　　) es(エス) español(エスパニョール). 彼はスペイン人です。

① Él(エル)　② Usted(ウステ)　③ Ella(エジャ)　④ Tú(トゥ)

2 (　　　　) somos(ソモス) españolas(エスパニョーラス). 私たちはスペイン人です。

① Nosotros(ノソトロス)　② Vosotros(ボソトロス)　③ Vosotras(ボソトラス)　④ Nosotras(ノソトラス)

3 (　　　　) son(ソン) de(デ) Madrid(マドリ), ¿no(ノ)? あなたたちはマドリード出身ですね？

① Vosotros(ボソトロス)　② Ustedes(ウステデス)　③ Ellas(エジャス)　④ Ellos(エジョス)

4 (　　　　) sois(ソイス) japoneses(ハポネセス), ¿no(ノ)? 君たちは日本人ですね？

① Ellas(エジャス)　② Vosotras(ボソトラス)　③ Vosotros(ボソトロス)　④ Ustedes(ウステデス)

練習問題2

(　　　) 内に ser(セール) を適切な形にして入れてください。

1 Diego(ディエゴ) (　　　　　　) de(デ) Segovia(セゴビア).
ディエゴはセゴビア出身です。

2 Tú(トゥ) y(イ) María(マリア) (　　　　　　) españoles(エスパニョーレス), ¿no(ノ)?
君とマリアはスペイン人だよね？

3 Marta(マルタ) y(イ) yo(ジョ) (　　　　　　) profesoras(プロフェソーラス).
マルタと私は教師です。

4 Yo(ジョ) (　　　　　　) peruana(ペルアナ).
私はペルー人です。

5 Andrea(アンドレア) y(イ) Manuel(マヌエル) (　　　　　　) mexicanos(メヒカノス).
アンドレアとマヌエルはメキシコ人です。

> 1 ディエゴ→彼
> 2 君とマリア→君たち
> 3 マルタと私→私たち
> 5 アンドレアとマヌエル→彼らと考えます。

解答

練習問題1　1 ①　2 ④　3 ②　4 ③

練習問題2　1 es(エス)　2 sois(ソイス)　3 somos(ソモス)　4 soy(ソイ)　5 son(ソン)

Lección 5 「～ですか？」

疑問文と否定文

スペイン語の疑問文と否定文の使い方を見てみましょう。

エレス　デ　トキオ
¿Eres de Tokio?
動詞 :ser（セール）

（君は）東京出身ですか？

ノ　ノ　ソイ　デ　トキオ　ソイ　デ　オーサカ
― No, no soy de Tokio. Soy de Osaka.
no ＋動詞 :ser（セール）　動詞 :ser（セール）

―いいえ、東京出身ではありません。大阪出身です。

文法の解説

1 ser（セール） 動詞の疑問文の作り方

● 一般的な語順 は[動詞＋主語]ですが、[主語＋動詞]も可能です。文の前後を ¿? で囲みます。

平叙文：**María es profesora.**（マリア エス プロフェソーラ）　マリアは教師です。
疑問文：**¿Es María profesora?**（エス マリア プロフェソーラ）　マリアは教師ですか？
　　　　¿María es profesora?（マリア エス プロフェソーラ）　マリアは教師ですか？
答　え：**Sí, es profesora.**（シ エス プロフェソーラ）　はい、（彼女は）教師です。
　　　　No, no es profesora.（ノ ノ エス プロフェソーラ）　いいえ、教師ではありません。

2 否定文の作り方

● 活用した動詞の前に no を置き ［no ＋動詞］ の形にします。

例 **Sara no es española. Es argentina.**（サラ ノ エス エスパニョーラ エス アルヘンティナ）

サラはスペイン人ではありません。アルゼンチン人です。

【英語の一般動詞にあたる動詞の疑問文】

vivir（ビビール）「住む」や、comer（コメール）「食べる」など、英語の一般動詞（do や does を用いて疑問文や否定文を作る動詞）にあたる動詞を含む疑問文や否定文も作り方は同様です。

例 **¿Vive María en Madrid? / ¿María Vive en Madrid?**（ビベ マリア エン マドリ / マリア ビベ エン マドリ）

マリアはマドリードに住んでいるの？

例 **Maribel no come carne.**（マリベル ノ コメ カルネ）　マリベルは肉を食べない。

使ってみよう

Saori： **Diego, ¿vives en Madrid?**
ディエゴ、あなたはマドリードに住んでいるの？

Diego: **No, no vivo en Madrid.**
いいえ、マドリードには住んでいないよ。

Vivo en Alcalá de Henares.
僕はアルカラ・デ・エナーレスに住んでいるよ。

Saori： **¿Está cerca de Madrid?**
マドリードの近く？

a は前置詞。この場合は「〜のところに」という意味。
不定冠詞が数詞の前につくと「およそ、約」を表します。

Diego: **Sí, a unos cuarenta minutos en tren de la Estación de Atocha.**
うん、アトーチャ駅から電車で約 40 分だよ。

la Estación de 〜で､「〜駅」となります。
「東京駅」は、la Estación de Tokio (▶ p 84) です。

Saori： **¿Es grande?**
大きいの？

Diego: **No, no es grande pero es muy bonita.**
ううん、大きくないけど、とてもきれいだよ。

¿Está cerca de Madrid?

ちょっとひと言！

マドリードの近く？

está は動詞 estar「ある、いる」の 3 人称単数の形で、Lección6 でくわしく解説します (▶ p52)。主語は、Alcalá de Henares です。cerca de 〜は、「〜の近くに」という意味です。

書いて覚えよう

この課で出てきた文法要素を含む例文を、音声を聞きながら、書いて覚えましょう。

エレス デ オーサカ
¿Eres de Osaka?
君は大阪出身ですか？

エス ウステ エル セニョール ゴンサレス
¿Es usted el Sr. González?
あなたはゴンサレスさんですか？

● **Sr.**（セニョール） ～さん（英語の Mr. にあたる）

エス マリア プロフェソーラ
¿Es Maria profesora?
マリアは教師ですか？

ノ ソモス エストゥディアンテス
No somos estudiantes.
私たちは学生ではありません。

フリオ ノ ビベ エン マラガ
Julio no vive en Málaga.
フリオはマラガに住んでいません。

練習してみよう

この課で出てきた文法要素を含む練習問題を解いて、学んだことを定着させましょう。

練習問題1

下の（　　）内に適切な語句を入れましょう。

1 ¿Es Rafa Nadal español? ラファ・ナダルはスペイン人ですか？
— Sí, (　　　　　) español. はい、彼はスペイン人です。

2 ¿Es Javier Fernández tenista? ハビエル・フェルナンデスはテニス選手ですか？
— No, no (　　　　　) tenista. いいえ、彼はテニス選手ではありません。

3 ¿Eres estudiante? 君は学生？
— No, no (　　　　　) estudiante. いいえ、私は学生ではありません。

4 ¿Son ustedes médicos? あなた方は医者ですか？
— Sí, (　　　　　) médicos. はい、私たちは医者です。

練習問題2

肯定文は否定文に、否定文は肯定文にしてください。

1 Soy de Madrid. 私はマドリードの出身です。

---

2 Ellos no son de Lima. 彼らはリマ出身ではありません。

---

3 Marina vive en Valencia. マリナはバレンシアに住んでいます。

---

4 No somos cantantes. 私たちは歌手ではありません。

解答

練習問題1

1 es　2 es　3 soy　4 somos

練習問題2

1 No soy de Madrid.
2 Ellos son de Lima.
3 Marina no vive en Valencia.
4 Somos cantantes.

Lección 6 「～があります。」

動詞 estar と hay

「いる、ある」を表す動詞 estar と hay の使い方の違いを見てみましょう。

La estación está a cinco minutos a pie.

名詞　動詞：estar

駅は 歩いて５分のところに あります。

Por allí hay muchos hoteles.

動詞：hay　名詞

そのあたりに たくさん ホテル があります。

文法の解説

① 動詞 estar の活用と使い方①

主 語	原型：estar	主 語	原型：estar
yo 私は	estoy	nosotros/nosotras 私たちは	estamos
tú 君は	estás	vosotros/vosotras 君たちは	estáis
usted, él/ella あなたは、彼／彼女は	está	ustedes, ellos/ellas あなたたちは、彼ら／彼女らは	están

- estar は主語（人や物）の所在を表します。

例 **El Hotel Central está cerca de la terminal de autobuses.**

セントラルホテルはバスターミナルの近くにあります。

例 **El Sr. Fernández está en la sala de reuniones.**

フェルナンデス氏は会議室にいらっしゃいます。

estar は、すでに存在しているとわかっている物の所在を、hay は「こういう物（人）が存在していますよ」という新しい情報を表します。

② 動詞 hay

- hay は動詞 haber の直説法現在３人称単数の特別な形で、名詞をともない、人や物が存在していることを表します。存在している人や物が単数でも複数でも、形は変わりません。

例 **Hay muchos hoteles cerca de la terminal de autobuses.**

バスターミナルの近くに、ホテルがたくさんあります。

例 **En el aula hay unos cincuenta estudiantes.**

教室にはおよそ 50 人の学生がいます。

使ってみよう

Saori： Perdón. ¿Dónde está la oficina de turismo?
すみません、観光案内所はどこですか？

al fondo は「突き当たりに」という意味。

Viandante: Al fondo de esta calle hay una plaza grande.
この通りの突き当たりに大きな広場があります。
La oficina de turismo está en la misma plaza.
観光案内所はその広場の中にありますよ。

calle は「通り」、plaza は「広場」です。

Saori： Muchas gracias.
どうもありがとうございます。

Viandante: De nada.　¡Adiós!
どういたしまして。さようなら。

COLUMNA　estar と hay の違い

estar と hay の違いは、人や物を表す表現にも表れます。

- **estar の場合：**「すでに存在している」ことがわかっている人や物の所在を表すので、固有名詞、定冠詞つきの名詞、主格人称代名詞が使われます。
- **hay の場合：**「こういうもの（人）が存在しています」という新しい情報なので、不定冠詞や数詞、冠詞なしの名詞など、不特定であることを示す形で名詞が使われます。

書いて覚えよう

この課で出てきた文法要素を含む例文を、音声を聞きながら、書いて覚えましょう。

アイ ムチャ ヘンテ エン ラ プラサ
Hay mucha gente en la plaza.
広場にはたくさんの人がいます。

● gente（ヘンテ） 人々

エン エステ バリオ アイ ムチョス パルケス
En este barrio hay muchos parques.
この地区には多くの公園があります。

● barrio（バリオ） 地区
● parque（パルケ） 公園

アイ ウン レスタウランテ ムイ ブエノ ポル アキ
Hay un restaurante muy bueno por aquí.
とてもよいレストランがこのあたりにあります。

● por aquí（ポル アキ） このあたりに

ロス ニーニョス エスタン エン カサ
Los niños están en casa.
子ども達は家にいます。

ミ カサ エスタ エン ラス アフエラス デ マドリ
Mi casa está en las afueras de Madrid.
私の家はマドリード郊外にあります。

● afueras（アフエラス） 郊外

練習してみよう

この課で出てきた文法要素を含む練習問題を解いて、学んだことを定着させましょう。

練習問題1 下の（　　　）内に、estar か hay の適切な語を入れましょう。

1 En el centro de la ciudad (　　　　) unos hoteles económicos.

町の中心には、安いホテルが何軒かあります。 ● en el centro 町の中心 ● económico 安い

2 El baño (　　　　) al fondo del pasillo.

洗面所は廊下の突き当たりにあります。 ● pasillo 廊下

3 Al fondo del pasillo (　　　　) un trastero pequeño.

廊下のつき当たりに、小さい物置きがあります。 ● trastero 物置き

練習問題2 下の（　　　）内に適切な形を入れましょう。

1 Diego y yo (　　　　) en la playa de Valencia. ● playa 海岸

ディエゴと私はバレンシアの海岸にいます。

2 En la playa (　　　　) muchos restaurantes de paella.

海岸にはたくさんのパエリアレストランがあります。

3 Ahora (　　　　) en uno de ellos.

今、私たちはそのうちの一軒にいます。

4 (　　　　) mucha gente en el restaurante.

レストランには人がたくさんいるわ。

解答

練習問題1

1 hay 2 está 3 hay

練習問題2

1 estamos 2 hay 3 estamos 4 Hay

PARTE 2 スペイン語の基本表現

Lección 7 「きれいですね。」

動詞 estar と ser

「(主語) は～です」を表す動詞 estar と ser の違いを見てみましょう。

オイ　エスタス　ムイ　グアパ　グラシアス　ペロ　ソイ　グアパ

Hoy estás muy guapa.―Gracias, pero soy guapa.

動詞 :estar ＋形容詞句　接続詞　動詞 :ser ＋形容詞

今日は、とてもきれいだね。― ありがとう。でも、私は美人なのよ。

文法の解説

① 動詞 estar の使い方

- estar には Lección6 (▶ p 52) のように「いる、ある」を表す以外に、「主語 A は補語 B です (A=B)」を表す使い方もあります (estar の活用▶ p52)。
- B の部分には、形容詞、副詞、前置詞句などが入ります。

B が形容詞の場合：B は A に性数一致

例 **María está cansada.** マリアは疲れています。

例 **Mario está cansado.** マリオは疲れています。

B が副詞の場合：副詞は名詞を限定あるいは修飾する品詞ではないので性数変化なし

例 **¿Cómo estás? - (Estoy) bien, gracias.** 調子はどう？ ― 元気です、ありがとう。

② estar と ser の違い

estar と ser は、どちらも英語の be 動詞のはたらきをもつ動詞ですが、estar は主語の状態を表し、ser は主語の特徴や性質を表します (ser の活用▶ p44)。

補語の位置にくるもの	estar	ser
形容詞	**Ana está guapa.** アナはきれい。 (アナはおしゃれをしてきれいな状態) **La sopa está fría.** スープが冷めている。(冷めた状態)	**Ana es guapa.** アナは美しい。(アナは美人という特徴) **La sopa es fría.** スープは冷たい。(冷製のスープ)
de ＋名詞	**Juana está de buen humor.** フアナはご機嫌です。(状態)	**Esta camisa es de seda.** このシャツはシルク製です。(性質)

使ってみよう

Carmen：¡Hola, Saori!
こんにちは、サオリ。
Estás muy guapa.
とてもきれいね（おしゃれしているわね）。

tengo は動詞 tener「持つ」の主語が yo のときの形（▶p80）。「パーティを持っている」→「パーティがある」となります。

Saori：Gracias. Tengo una fiesta hoy.
ありがとう。 今日はパーティがあるの。

¡Que lo pases bien!「楽しんでね!」は、決まり文句として覚えておくと便利。

Carmen：¡Ah, que lo pases bien! ¡Adiós!
まあ、楽しんでね！ さようなら。

por cierto は「ところで」という意味。

Saori：¡Adiós, Carmen!
さようなら、カルメン。
Pero por cierto, soy guapa, ¿verdad?
ところで、私、美人よね？

ちょっとひと言！

Soy guapa, ¿verdad? 私、美人よね？

カルメンに Estás guapa と言われたサオリ。最後に Soy guapa, ¿verdad? と聞いています。estar を使って「きれいね」と言われたので、ser を使って「（もともと）美人でしょう?」と冗談めかして質問してみたのですね。

estar guapa には「美人じゃないけど」というニュアンスは含まれていません。どんな人でも「おしゃれをしてきれい」という状態を表しているのです。

書いて覚えよう

この課で出てきた文法要素を含む例文を、音声を聞きながら、書いて覚えましょう。

エスタモス デ バカシオネス
Estamos de vacaciones.
私たちは休暇中です。

エル アニージョ エス デ オロ
El anillo es de oro.
指輪は金でできています。

● anillo（アニージョ） 指輪
● oro（オロ） 金

カルロス エス ネルビオソ
Carlos es nervioso.
カルロスは興奮しやすい（性格だ）。

● nervioso（ネルビオソ） 興奮しやすい

ナタリア イ エバ エスタン ネルビオサス
Natalia y Eva están nerviosas.
ナタリアとエバはイライラしています。

コモ エスタ ウステ アシ アシ
¿Cómo está usted? — Así, así.
調子はいかがですか？ーまあまあです。

練習してみよう

この課で出てきた文法要素を含む練習問題を解いて、学んだことを定着させましょう。

練習問題1 下の（　　）内に estar の適切な形を入れましょう。

1 Saori (　　　　) guapa. サオリは（おしゃれをして）きれいです。

2 Mi padre (　　　　) de vacaciones. 父は休暇中です。

3 Yo (　　　　) muy cansado. 私はとても疲れています。

練習問題2 日本語を参考にして、（　　）内に estar か ser の適切な形を入れてください。

1 a Marina (　　　　) callada. マリナは無口です。
b Marina (　　　　) callada. マリナは黙っている。

2 a Alicia (　　　　) abierta. アリシアはオープンな性格だ。
b La puerta (　　　　) abierta. ドアは開いている。

● abierta　オープンな　● abrir　開く

3 a Mi padre (　　　　) de viaje. 私の父は旅行中です。
b La mesa (　　　　) de madera. テーブルは木製だ。

● viaje　旅　● madera　木材

4 a Manolito (　　　　) guapo. マノリートは（今日は）キマっている。
b Manolito (　　　　) guapo. マノリートはハンサムだ。

解答

練習問題1
1 está　2 está　3 estoy

練習問題2
1 a es　b está　2 a es　b está
3 a está　b es　4 a está　b es

Lección 8 「私の～」

所有形容詞（短縮形）

所有形容詞には、短縮形と完全形（▶ p106）の２種類があります。

ミ　パドレ　エス　デ　マドリ

Mi padre es de Madrid.

所有形容詞＋名詞　動詞：ser（セール）

私の父は マドリード出身 です。

文法の解説

1 所有形容詞の短縮形

● 所有形容詞の短縮形は、名詞の前に置いて、冠詞のように名詞を限定します。

	所有者	所有される人、物（単数）		所有される人、物（複数）	
		男性	女性	男性	女性
単数	私の	mi（ミ）		mis（ミス）	
	君の	tu（トゥ）		tus（トゥス）	
	あなたの、彼／彼女の	su（ス）		sus（スス）	
複数	私たちの	nuestro（ヌエストロ）	nuestra（ヌエストラ）	nuestros（ヌエストロス）	nuestras（ヌエストラス）
	君たちの	vuestro（ブエストロ）	vuestra（ブエストラ）	vuestros（ブエストロス）	vuestras（ブエストラス）
	あなたがたの、彼ら／彼女らの	su（ス）		sus（スス）	

例 **mi hijo**（ミ イホ）　私の息子　**mis hijos**（ミス イホス）　私の子どもたち（息子のみ、息子＋娘）
mi hija（ミ イハ）　私の娘　**mis hijas**（ミス イハス）　私の娘たち

2 所有される人や物の性数が所有形容詞の性数を決定

例 **mis padres**（ミス パドレス）　私の両親

＊ padres（パドレス）「両親」は複数なので、mis（ミス）「私の」（複数）をつけます。

mis padres（ミス パドレス）を「私たちの両親」と言いたくなりますが、「私たちの両親」は nuestros padres（ヌエストロス パドレス）です。注意しましょう！

使ってみよう

Saori（サオリ）： Carmen（カルメン）, eres（エレス） de（デ） Sevilla（セビージャ）, ¿no（ノ）?
カルメン、あなたはセビージャ出身でしょう？

¿Tus（トゥス） padres（パドレス） también（タンビエン） son（ソン） de（デ） Sevilla（セビージャ）?
ご両親もセビージャ出身なの？

padres（パドレス）は複数なので、所有形容詞も tus（トゥス）と複数になります。

Carmen（カルメン）： No（ノ）, no（ノ） son（ソン） de（デ） Sevilla（セビージャ）.
いいえ、セビージャ出身ではないわ。

Saori（サオリ）： ¿De（デ） dónde（ドンデ） son（ソン）?
どちらのご出身なの？

Carmen（カルメン）： Mi（ミ） padre（パドレ） es（エス） de（デ） Madrid（マドリ） y（イ） mi（ミ） madre（マドレ） es（エス） de（デ） Málaga（マラガ）.
父はマドリード出身で、母はマラガ出身よ。

COLUMNA 「○○さんの娘」などの言い方

「○○さんの～」という言う場合、前置詞を用いて「～ de（デ） ○○」と表現します。
たとえば、「マリアの娘」は la（ラ） hija（イハ） de（デ） Maria（マリア） となります。

書いて覚えよう

この課で出てきた文法要素を含む例文を、音声を聞きながら、書いて覚えましょう。

ミス パドレス ソン デ リマ
Mis padres son de Lima.
私の両親はリマ出身です。

ヌエストロ コチェ エスタ エン エル ガラヘ
Nuestro coche está en el garaje.
私たちの車はガレージにあります。

- coche（コチェ） 車
- garaje（ガラヘ） ガレージ

ドンデ エスタン ブエストロス エルマノス
¿Dónde están vuestros hermanos?
君たちの兄弟はどこにいるの？

- hermano（エルマノ） 兄弟

ス パドレ エス ミ プロフェソール デ エスパニョール
Su padre es mi profesor de español.
彼のお父さんは私のスペイン語の先生です。

トゥス オホス ソン プレシオソス
Tus ojos son preciosos.
君の瞳は素敵だね。

- ojo（オホ） 目
- precioso（プレシオソ） 素敵な

練習してみよう

この課で出てきた文法要素を含む練習問題を解いて、学んだことを定着させましょう。

練習問題1 日本語の下線部を参考にして、下の（　　）内に入る適切な語を、①〜④から1つ選びましょう。

1 ¿Dónde están (　　　　) gafas?　私のメガネはどこかしら？

① mis　② tus　③ sus　④ mi

● gafas　メガネ 複

2 (　　　　) padres están en París.

私たちの両親はパリにいます。

① Mis　② Nuestros　③ Nuestras　④ Nuestra

3 (　　　　) casa está cerca de la oficina, ¿no?

あなたがたの家はオフィスの近くですよね？

① Sus　② Su　③ Vuestra　④ Vuestras

練習問題2 日本語の下線部を参考にして、（　　）内に適切な語を入れてください。

1 (　　　　) zapatillas están en el armario.

君のスリッパはタンスの中にあるよ

● zapatillas　スリッパ 複
● armario　タンス

2 (　　　　) madre es mi profesora de japonés.

君たちのお母さんは私の日本語の先生です。

3 (　　　　) novio es mexicano.

彼女の彼はメキシコ人です。

● novio　（男の）恋人

4 ¿Dónde están (　　　　) guantes?

彼の手袋はどこ？

● guantes　手袋 複

5 (　　　　) padres están de vacaciones en Tailandia.

私の両親は休暇でタイにいます。

● Tailandia　タイ

解答

練習問題1

1 ①　2 ②　3 ②

練習問題2

1 Tus　2 Vuestra　3 Su　4 sus　5 Mis

zapatillas「スリッパ」や、guantes「手袋」など、対で使われるものはおもに複数形で使われます。

PARTE 2 スペイン語の基本表現

Lección 9「この〜、あの〜」

指示詞

人や物を指し示す、指示詞の使い方を見てみましょう。

エセ　エディフィシオ　エス　デ　ラ　ファクルタ　デ　ファルマシア　イ

Ese edificio es de la Facultad de Farmacia y

指示詞＋名詞　動詞:ser（セール）　接続詞

その建物は 薬学部（棟）で、

アケル　エス　デ　ラ　ファクルタ　デ　メディシーナ

aquel es de la Facultad de Medicina.

指示詞　動詞:ser（セール）

あれは 医学部（棟）です。

文法の解説

1 指示詞の活用

●人や物を指し示すときに使い、話し手からの距離により、「この／これ、その／それ、あの／あれ」となります。

男性	単数	エステ **este** この／これ	エセ **ese** その／それ	アケル **aquel** あの／あれ
	複数	エストス **estos** これら	エソス **esos** それら	アケージョス **aquellos** あれら
女性	単数	エスタ **esta** この／これ	エサ **esa** その／それ	アケージャ **aquella** あの／あれ
	複数	エスタス **estas** これら	エサス **esas** それら	アケージャス **aquellas** あれら
中性（指示代名詞）		エスト **esto** この／これ	エソ **eso** その／それ	アケージョ **aquello** あの／あれ

2 指示形容詞として使う

● ［指示詞＋名詞］の語順で使います。名詞の性数に合わせ、形が変わります。

例 **esta señora**（エスタ セニョーラ） この女性

aquellos señores（アケージョス セニョーレス） あの人たち（男性のみの場合と、男性＋女性の場合がある）

3 指示代名詞として使う

例 **Este ordenador es caro pero ese es barato.**（エステ オルデナドル エス カロ ペロ エセ エス バラト）

このパソコンは高いけどそれは安い。 ＝ **ese ordenador**（エセ オルデナドル）

❸の ese（エセ）は ordenador（オルデナドル）に性数一致しています。

4 指示代名詞中性形

●具体的な名詞を示さずに漠然と「これ、それ、あれ」という場合に使います。

例 **¿Qué es esto? – Es un bolígrafo.**（ケ エス エスト？ エス ウン ボリグラフォ） これは何？－ボールペンですよ。

使ってみよう

Diego（ディエゴ）: Saori, este edificio es de la Facultad de Medicina.
サオリ、この建物は医学部（棟）だよ。

「～もまた」という意味。前に医学部棟を紹介されたので、「その建物もまた～」となります。

Saori（サオリ）: Es muy grande. ¿Ese edificio también es de la Facultad de Medicina?
とても大きいわね。その建物も医学部（棟）なの？

Diego（ディエゴ）: No, ese es de la Facultad de Farmacia.
ううん。それは薬学部（棟）だよ。

動詞 mira「見る」の tú に対する命令の形。「見て」というそのままの意味のほかに、「ねえ」という意味でも使います。

Saori（サオリ）: Mira, Diego. ¿Qué es aquello?
ねえ、ディエゴ。あれは何？

Diego（ディエゴ）: ¡Ah! Es el Aula Magna.
ああ。講堂だよ。

COLUMNA　「これは何?」と聞くとき

「これは何?」と聞くのは、それが何かわからないときですよね。ということは、その名称（名詞）がわからないわけですから、男性形も女性形も使えず、中性形の代名詞を用いることになります。

まずはものの名称を尋ねるときの
¿Qué es esto /eso /aquello?「これ／それ／あれは何?」
の使い方を覚えましょう。

PARTE 2 スペイン語の基本表現

書いて覚えよう

この課で出てきた文法要素を含む例文を、音声を聞きながら、書いて覚えましょう。

エスタ　カミサ　エス　デ　セダ
Esta camisa es de seda.
このシャツはシルク製です。

● camisa（カミサ）　シャツ
● seda（セダ）　シルク

アケージョス　セニョーレス　ソン　ロス　パドレス　デ　マリア
Aquellos señores son los padres de María.
あちらの方々はマリアのご両親です。

エソ　エス　ベルダ
Eso es verdad.
それは事実です。

エスタス　ガファス　ソン　デル　セニョール　ムニョス
Estas gafas son del Sr. Muñoz.
このメガネはムニョスさんのです。

● gafas（ガファス）　メガネ

覚えておこう！

● Sr. は señor（セニョール）、Sra. は señora（セニョーラ）の略です。Sr. ＋姓で「～さん(男性)」。**Sra.** ＋姓で「～さん(女性)」となります。未婚女性の場合は、Srta. (señorita（セニョリータ）の略) を用います。
これらの敬称は、呼びかけでは定冠詞は使いませんが、この例のように文の要素になる場合には定冠詞を使います。

練習してみよう

この課で出てきた文法要素を含む練習問題を解いて、学んだことを定着させましょう。

練習問題1

(　　　)内に入る適切な語を、和訳の下線に注意して①～④から1つ選びましょう。

1 **(　　　　) chicas son hermanas.**　あの<u>女の子たち</u>は姉妹です。

① Aquellas　② Estos　③ Este　④ Aquello

2 **(　　　　) zapatos son de cuero.**　この<u>靴</u>は革製です。

① Aquellos　② Este　③ Estos　④ Esto

3 **(　　　　) diccionario es muy grueso.**　この<u>辞書</u>はとても厚いです。

① Aquellas　② Este　③ Esta　④ Esto

● grueso　厚い

4 **(　　　　) señores son nuestros jefes.**　そちらの<u>方々</u>は私たちの上司です。

① Esos　② Este　③ Ese　④ Eso

● jefe　上司

練習問題2

和訳の下線に注意して(　　　)内に適切な指示詞を入れましょう。

1 **(　　　　) [teléfonos] móviles son de última generación.**

<u>これらの</u>携帯電話は最新型です。

● [teléfono] móvil　携帯電話 男　● última generación　最新型

2 **(　　　　) abrigo es de mi abuela y (　　　　) es de mi madre.**

<u>その</u>コートは祖母ので、<u>あれ</u>は母のです。

● abrigo　コート 男　● abuela　祖母

3 **(　　　　) coche es nuevo pero (　　　　) es antiguo.**

<u>この</u>車は新しいが、<u>それ</u>は古い。

● coche　車 男　● nuevo　新しい　● antiguo　古い

4 **¿Qué es (　　　　)?**　<u>それ</u>は何ですか？

解答

練習問題1

1 ①　2 ③　3 ②　4 ①

練習問題2

1 Estos　2 Ese, aquel　3 Este, ese　4 eso

Lección 10 「～します／～しています。」

直説法現在　規則活用

現在の出来事や習慣、確実な未来の出来事などを表す直説法現在について学びましょう。

アオラ　アプレンド　エスパニョール

Ahora aprendo español.

動詞 :aprender（アプレンデール）　名詞

今、スペイン語を勉強しています。

文法の解説

① 動詞の活用

● スペイン語の動詞は、不定詞（原形）の語尾によって ar 動詞 , er 動詞 , ir 動詞の３タイプに分かれ、規則活用ではタイプによって形が決まります。

	ar 動詞	er 動詞	ir 動詞
原　形	hablar（アブラール） 話す	comer（コメール） 食べる	vivir（ビビール） 住む、生きる
yo（ジョ） 私	hablo（アブロ）	como（コモ）	vivo（ビボ）
tú（トゥ） 君	hablas（アブラス）	comes（コメス）	vives（ビベス）
usted（ウステ）, él（エル）/ella（エジャ） あなた、彼／彼女	habla（アブラ）	come（コメ）	vive（ビベ）
nosotros（ノソトロス）/nosotras（ノソトラス） 私たち	hablamos（アブラーモス）	comemos（コメモス）	vivimos（ビビモス）
vosotros（ボソトロス）/vosotras（ボソトラス） 君たち	habláis（アブライス）	coméis（コメイス）	vivís（ビビス）
ustedes（ウステデス）, ellos（エジョス）/ellas（エジャス） あなたたち、彼ら／彼女ら	hablan（アブラン）	comen（コメン）	viven（ビベン）

⬇語尾だけを書き出してみると……

	-ar 動詞	-er 動詞	-ir 動詞
yo（ジョ）	-o		
tú（トゥ）	-as	-es	
usted（ウステ）, él（エル）/ella（エジャ）	-a	-e	
nosotros（ノソトロス）/nosotras（ノソトラス）	-amos	-emos	-imos
vosotros（ボソトロス）/vosotras（ボソトラス）	-áis	-éis	-ís
ustedes（ウステデス）, ellos（エジョス）/ellas（エジャス）	-an	-en	

② 直説法現在の用法

● 動詞は、現在の出来事や習慣、確実な未来の出来事など、さまざまな場面を表すことができます。

例 **Carmen estudia en la biblioteca ahora.**（カルメン エストゥディア エン ラ ビブリオテカ アオラ）　カルメンは今図書館で勉強しています。

Carmen estudia Derecho.（カルメン エストゥディア デレチョ）　カルメンは法律を勉強しています（法学部の学生です）。

Diego y yo comemos juntos mañana.（ディエゴ イ ジョ コメモス フントス マニャナ）　ディエゴと私は明日一緒にお昼を食べます。

使ってみよう

原形：hablar（アブラール） 話す

Diego（ディエゴ）**：** **Hablas**（アブラス） **bien**（ビエン） **español**（エスパニョール）**, Saori**（サオリ）**.**
サオリ、スペイン語がうまいね（スペイン語をうまく話すね）。

原形：aprender（アプレンデール） 勉強する

Saori（サオリ）**：** **Gracias**（グラシアス）**. Ahora**（アオラ） **aprendo**（アプレンド） **español**（エスパニョール） **en**（エン） **una**（ウナ） **escuela**（エスクエラ） **de**（デ） **idiomas**（イディオマス）**.**
ありがとう。今、語学学校でスペイン語を勉強しているの。

Por（ポル） **cierto**（シエルト）**, Diego**（ディエゴ）**, ¿Trabajas**（トラバハス） **o**（オ） **estudias**（エストゥディアス）**?**

原形：trabajar（トラバハール） 働く

ところでディエゴ、あなたは働いているの？ それとも学生（勉強しているの）？

現在形を用いて、職業など現在のステータスを述べることができます。

原形：trabajar（トラバハール） 働く

Diego（ディエゴ）**：** **Trabajo**（トラバホ） **en**（エン） **una**（ウナ） **agencia**（アヘンシア） **de**（デ） **viajes**（ビアヘス）**.**
僕は旅行会社で働いているよ。

Saori（サオリ）**：** **¡Qué**（ケ） **interesante**（インテレサンテ）**!**
なんて面白そう！

¿Viajas（ビアハス） **mucho**（ムチョ）**, entonces**（エントンセス）**?**
じゃあ、よく旅行するの？

原形：viajar（ビアハール） 旅行する

Diego（ディエゴ）**：** **No**（ノ）**, no**（ノ） **viajo**（ビアホ） **mucho**（ムチョ）**.**
ううん。そんなに旅行しないよ。

ちょっとひと言！

¡Qué（ケ） **interesante**（インテレサンテ）**!**
なんて面白そう！

¡Qué（ケ） ＋形容詞！で感嘆文「なんて〜でしょう!」を作ります。

例 ¡Qué（ケ） ＋名詞！ ➡ ¡Qué（ケ） pena（ペナ）! 「なんて残念!」

例 ¡Qué（ケ） ＋副詞！ ➡ ¡Qué（ケ） bien（ビエン）! 「いいね!」

など、名詞や副詞をもってくることもできます。

書いて覚えよう

この課で出てきた文法要素を含む例文を、音声を聞きながら、書いて覚えましょう。

トラバハモス　エン　ウン　バンコ
Trabajamos en un banco.
私たちは銀行で働いています。

●banco（バンコ）　銀行

ビビス　エン　トキオ　ベルダ
Vivís en Tokio, ¿verdad?
君たちは東京に住んでいるんだよね？

カルメン　アブラ　エスパニョール　イ　ハポネス
Carmen habla español y japonés.
カルメンは、スペイン語と日本語を話します。

マリア　イ　フリオ　トラバハン　エン　ラ　ミスマ　エンプレサ
María y Julio trabajan en la misma empresa.
マリアとフリオは同じ会社に勤めています。

●misma（ミスマ）　同じ　●empresa（エンプレサ）　会社

ドンデ　ビベス　ビボ　エン　ウン　プエブロ　デ　トレド
¿Dónde vives? - Vivo en un pueblo de Toledo.
君はどこに住んでいるの？ー トレドのある村に住んでいるよ。

●pueblo（プエブロ）　村

練習してみよう

この課で出てきた文法要素を含む練習問題を解いて、学んだことを定着させましょう。

練習問題1

（　　　）内に入る適切な語を、下の①～④から1つ選びましょう。

1 **(　　　) escribe（エスクリベ） un（ウン） mail（メイル） a（ア） Julio（フリオ）.** 彼女はフリオにメールを書きます。

① Ella（エジャ）　② Usted（ウステ）　③ Él（エル）　④ Ellos（エジョス）

● escribir（エスクリビール）　書く

2 **(　　　) vivís（ビビス） en（エン） Málaga（マラガ）, ¿verdad（ベルダ）?**

君とフリアはマラガに住んでいるんだよね？

① Julia（フリア） y（イ） yo（ジョ）　② Julia（フリア） y（イ） María（マリア）　③ Él（エル） y（イ） Julia（フリア）　④ Tú（トゥ） y（イ） Julia（フリア）

3 **(　　　) cenamos（セナモス） en（エン） un（ウン） restaurante（レスタウランテ） japonés（ハポネス）.**

● cenar（セナール）　夕食をとる

カルロスと私は和食レストランで夕食をとります。

① Carlos（カルロス） y（イ） María（マリア）　② Tú（トゥ） y（イ） Carlos（カルロス）　③ Carlos（カルロス） y（イ） yo（ジョ）　④ Carlos（カルロス） y（イ） nosotros（ノソトロス）

4 **¿Enseña（エンセーニャ） (　　　) español（エスパニョール） en（エン） la（ラ） universidad（ウニベルシダ）?**

● enseñar（エンセニャール）　教える

あなたは大学でスペイン語を教えているのですか？

① tú（トゥ）　② vosotros（ボソトロス）　③ usted（ウステ）　④ vosotras（ボソトラス）

練習問題2

（　　　）内に、右の動詞を適切な形にして入れてください。

1 **Todos（トドス） los（ロス） días（ディアス） (　　　　) un（ウン） mail（メイル） a（ア） mis（ミス） padres（パドレス）.**　[escribir（エスクリビール）　書く]

私は毎日両親にメールを書いています。

2 **Hanako（ハナコ） y（イ） yo（ジョ） (　　　　) japonés（ハポネス） en（エン） una（ウナ） escuela（エスクエラ） de（デ） idiomas（イディオマス）.**

ハナコと私は語学学校で日本語を教えています。　[enseñar（エンセニャール）　教える]

3 **(　　　　) café（カフェ） con（コン） leche（レチェ） y（イ） tostadas（トスタダス）.**　[desayunar（デサジュナール）　朝食をとる]

私は、カフェオレとトーストを朝食にとる。

4 **¿Dónde（ドンデ） (　　　　)? – (　　　　) en（エン） Madrid（マドリ）.**　[vivir（ビビール）　住む]

「君はどこに住んでいるの？」「僕はマドリードに住んでいるよ。」

解答

練習問題1

1 ①　2 ④　3 ③　4 ③

練習問題2

1 escribo（エスクリボ）　2 enseñamos（エンセニャモス）　3 Desayuno（デサジューノ）　4 vives（ビベス）, vivo（ビボ）

Lección 11 「～がほしい。」

直説法現在　語幹母音変化動詞

規則動詞のほかに、語幹（規則活用では変化しない部分）の母音（e または o）が変化する動詞があり、これを語幹母音変化動詞といいます。

キエロ　ウン　ベスティド　ブランコ

Quiero un vestido blanco.

動詞 :querer（ケレール）　名詞（単数）　形容詞

（私は）白い ワンピース がほしいの。

文法の解説

語幹にある o,e が必ずしも変化をするわけではありません。語幹母音動詞は、出てきたらそのつど覚えていくようにしましょう。語尾の変化は、規則変化です。

1 語幹母音変化動詞の活用

語幹の変化	e ➡ ie	o ➡ ue	e ➡ i
原　形	querer（ケレール） 欲する	volver（ボルベール） 帰る、戻る	pedir（ペディール） 頼む
yo（ジョ） 私	quiero（キエロ）	vuelvo（ブエルボ）	pido（ピド）
tú（トゥ） 君	quieres（キエレス）	vuelves（ブエルベス）	pides（ピデス）
usted（ウステ）, él（エル）/ella（エジャ） あなた、彼 / 彼女	quiere（キエレ）	vuelve（ブエルベ）	pide（ピデ）
nosotros（ノソトロス）/nosotras（ノソトラス） 私たち	queremos（ケレモス）	volvemos（ボルベモス）	pedimos（ペディモス）
vosotros（ボソトロス）/vosotras（ボソトラス） 君たち	queréis（ケレイス）	volvéis（ボルベイス）	pedís（ペディス）
ustedes（ウステデス）, ellos（エジョス）/ellas（エジャス） あなたたち、彼ら / 彼女ら	quieren（キエレン）	vuelven（ブエルベン）	piden（ピデン）
同じ変化をする動詞	pensar（ペンサール） 思う cerrar（セラール） 閉める sentir（センティール） 感じる など	poder（ポデール） ～できる contar（コンタール） 数える dormir（ドルミール） 眠る など	repetir（レペティール） くり返す servir（セルビール） 仕える、食べ物などを供する

この変化は ir 動詞のみ

2 語幹母音変化動詞の特徴

- 1人称複数、2人称複数のとき語幹は変化しません。
- 語幹に e が2つある語幹母音変化動詞の場合、語尾に近いほうの e が ie に変化します。
  例 **empezar**（エンペサール） 始める ➡ **empiezo**（エンピエソ）**, empiezas**（エンピエサス）**...**
- jugar（フガール）「遊ぶ、（スポーツを）する」は、u ➡ ue の変化をする唯一の動詞です。よく使うので、覚えておきましょう。

使ってみよう

原形：pedir　頼む

Diego：　Saori, ¿qué pedimos?
サオリ、何を注文しようか？

原形：pedir　頼む

Saori：　Pues... pido un menú del día.
そうね…私は定食を頼むわ。

Diego：　Yo... quiero una ensalada mixta.
僕は…ミックスサラダがほしいな。

原形：querer　欲する

no A ni B で、「A も B も～ない」という意味を表します。

Saori：　¿No quieres carne ni pescado?
お肉もお魚もほしくないの？

「～ということです」と、理由を述べるときに使います。

acabar de ＋不定詞（動詞の原形）で、「～したばかりです」を表します。

Diego：　No, es que acabo de comer un bocadillo.
うん、じつはボカディージョを食べたばかりなんだ。

ちょっとひと言！

¿No quieres carne ni pescado?
お肉もお魚もほしくないの？

¿No quieres carne ni pescado?「お肉もお魚もほしくないの？」という否定疑問文に対する答えは、quieres「ほしい」かどうかに対して、ほしい場合には sí「はい」、ほしくない場合には no「いいえ」で答えます。

日本語の場合は「ほしくない」に対して「はい（ほしくありません）/ いいえ（ほしいです）」と答えるので、逆になります。

書いて覚えよう

この課で出てきた文法要素を含む例文を、音声を聞きながら、書いて覚えましょう。

キエロ　ウナ　コパ　デ　ビノ　ティント
Quiero una copa de vino tinto.
私は赤ワインをグラス1杯ほしいわ。

● copa（コパ）　グラス
● vino（ビノ）　ワイン
● tinto（ティント）　赤

ミス　パドレス　ブエルベン　デ　フランシア　マニャナ
Mis padres vuelven de Francia mañana.
私の両親は明日フランスから戻ります。

● volver（ボルベール）　戻る

プエデス　アブリール　ラ　ベンタナ
¿Puedes abrir la ventana? *
窓を開けてもらえる？

● ablir（アブリール）　開ける

* poder「～できる」を用いた疑問文で、「～してもらえますか？」と依頼を表すことができます。

キエレス　セラール　ラ　プエルタ
¿Quieres cerrar la puerta? *
ドアを閉めてもらえる？

● cerrar（セラール）　閉める
● puerta（プエルタ）　ドア

*querer「欲する」を用いた疑問文でも依頼を表すことができます。

ロス　ニーニョス　ドゥエルメン　オチョ　オラス
Los niños duermen ocho horas.
子ども達は8時間寝ます。

● dormir（ドルミール）　眠る
● ocho horas（オチョ オラス）　8時間

練習してみよう

この課で出てきた文法要素を含む練習問題を解いて、学んだことを定着させましょう。

練習問題1

下の（　　　）内に入る適切な語を、①～④から1つ選びましょう。

注：動詞の活用から主語を確認してもらいたいので、日本語訳からは主語を外してあります。

1 (　　　　) **duermo muy bien.** よく眠れます。

① Ella　② Usted　③ Yo　④ Nosotros

2 (　　　　) **pueden salir mañana.**

●salir　出かける

明日、出かけることができます。

① Carlos y Teresa　② Tú y Mario　③ Juana y yo　④ Guillermo y nosotros

3 (　　　　) **sigo la Liga Española.**

●seguir　続ける、フォローする

リーガ・エスパニョーラをフォローしています。

① Yo　② Nosotros　③ Usted　④ Tú

2 Carlos y Teresa →彼ら、Tú y Mario →君たち、Juana y yo →私たち、Guillermo y nosotros →私たちと考えます。

練習問題2

（　　　）内に、右の動詞を適切な形にして入れてください。

1 Todos los días (　　　　　) siete horas.　[dormir　眠る]

私たちは毎日7時間寝ます。

2 (　　　　　) las ventanas al salir.　[cerrar　閉める]

*e → ie に変化

私は出かけるときに窓を閉めます。

3 ¿(　　　　　) ustedes café?　[querer　欲する]

コーヒーはいかがですか？

4 Lo (　　　　　).　[sentir　感じる]

すみません（私はそのことを残念に思います）。

解答

練習問題1

1 ③　2 ①　3 ①

練習問題2

1 dormimos　2 Cierro　3 Quieren　4 siento

「～を知っています。」

直説法現在　１人称単数が不規則な動詞

主語が１人称のときに不規則な形になる動詞があります。

コノスコ　エステ　バリオ

Conozco este barrio.

動詞 :conocer（コノセール）

（私は）この地区を知っています。

文法の解説

主語が１人称のとき以外の活用は、p158-159 も参照してください。

１人称単数が不規則な動詞

●主語が１人称のときに、不規則な形になる動詞には表のものがあります。

１人称単数の形	例	同じタイプの動詞
g が入る	poner（ポネール）置く ➡ pongo（ポンゴ）	salir（サリル）出る ➡ salgo（サルゴ）
c ➡ g	hacer（アセール）する、作る ➡ hago（アゴ）	deshacer（デサセール）壊す ➡ deshago（デサゴ）
ig が入る	traer（トラエール）持ってくる ➡ traigo（トライゴ）	caer（カエール）落ちる ➡ caigo（カイゴ）
zc が入る	conocer（コノセール）知っている ➡ conozco（コノスコ）	conducir（コンドゥシール）運転する ➡ conduzco（コンドゥスコ）
その他	saber（サベール）知っている：sé（セ）	
	ver（ベール）見る：veo（ベオ）	
	dar（ダール）与える：doy（ドイ）	

【似た意味の動詞の使い分け】

「知っている」を意味する conocer（コノセール）と saber（サベール）は次のように使い分けます。

▶ **conocer**（コノセール）:（体験して）知っている。

例 **Conozco Madrid.**（コノスコ マドリ）マドリードに行ったことがある。

▶ **saber**（サベール）:（知識として）知っている。

例 **Sé la historia de Madrid.**（セ ラ イストリア デ マドリ）マドリードの歴史を知っている。

使ってみよう

レス
les は「あなたがた / 彼ら / 彼女らに」を表す、間接目的格人称代名詞３人称複数形 (▶ P.88)。

原形：poner 置く

Camarera：¿Qué les pongo de postre?
デザートには何を差し上げましょう（デザートはいかが）？

Diego： Pues...estoy lleno.
そうだね…僕は、お腹がいっぱい。
¿Me pone un café solo, por favor?
ブラックコーヒーをいただけますか？

Saori： Yo quiero un flan.
私はプリンがほしい。

un poco de…は「〜を少し」という意味。

Diego： Saori, ¿Me das un poco de flan?
サオリ、プリンを少しくれる？

Saori： Sí, te doy un poquito. Está muy rico.
ええ、少しだけあげる。とてもおいしいわ。

原形：dar 与える

poquito は、poco に縮小辞 -ito がついた形で、少なさを強調します。「ほんの少しだけ」という意味になります。

ちょっとひと言！

¿Me pone / pones ～?
～をいただけますか？

me は、間接目的格人称代名詞１人称単数で、「私に」(▶ p88) という意味です。pones ～？の～部分に飲み物や食べ物を入れて、バルなどで注文するときに使うことができます。

例 ¿Me pones una caña, (por favor)? 私に生ビールを１杯くれますか？

書いて覚えよう

この課で出てきた文法要素を含む例文を、音声を聞きながら、書いて覚えましょう。

原形	saber（サベール）知っている	poner（ポネール）置く	conducir（コンドゥシール）運転する	dar（ダール）与える	ver（ベール）見る
yo（ジョ） 私は	sé	pongo	conduzco	doy	veo
tú（トゥ） 君は	sabes	pones	conduces	das	ves
usted（ウステ）, él（エル）/ella（エジャ） あなたは、彼／彼女は	sabe	pone	conduce	da	ve
nosotros（ノソトロス）/ nosotras（ノソトラス） 私たちは	sabemos	ponemos	conducimos	damos	vemos
vosotros（ボソトロス）/ vosotras（ボソトラス） 君たちは	sabéis	ponéis	conducís	dais	veis
ustedes（ウステデス）,ellos（エジョス）/ellas（エジャス） あなたたちは、彼ら／彼女らは	saben	ponen	conducen	dan	ven

原形	saber（サベール）知っている	poner（ポネール）置く	conducir（コンドゥシール）運転する	dar（ダール）与える	ver（ベール）見る
yo（ジョ） 私は					
tú（トゥ） 君は					
usted（ウステ）, él（エル）/ella（エジャ） あなたは、彼／彼女は					
nosotros（ノソトロス）/ nosotras（ノソトラス） 私たちは					
vosotros（ボソトロス）/ vosotras（ボソトラス） 君たちは					
ustedes（ウステデス）,ellos（エジョス）/ellas（エジャス） あなたたちは、彼ら／彼女らは					

練習してみよう

この課で出てきた文法要素を含む練習問題を解いて、学んだことを定着させましょう。

練習問題1 日本語に合うように、下の動詞を選んで適切な形にし、(　　　　) 内に入れましょう。

1 (　　　　　　) esta noche. 私は今夜、出かけます。

2 (　　　　　　) la televisión todos los dias. 私は毎日テレビを見ます。

3 (　　　　　　) conducir. 僕は運転できるよ（免許を持っている)。

4 (　　　　　　) Barcelona. 私はバルセロナを知っています（行ったことがあります）

salir ／ saber ／ ver ／ conocer

練習問題2 (　　　) 内に、右の動詞を適切な形にして入れ、会話を完成させましょう。

1 ¿Me das tu número de teléfono? [dar 与える]
– Sí, te lo* (　　　　　　).

私に君の電話番号を教えてくれる? ー うん、(君にそれを) 教えるよ。

*te lo は、間接目的格人称代名詞２人称単数＋直接目的格人称代名詞３人称単数。

2 ¿Pones la mesa*, por favor? [poner 置く (食卓を準備する)]
– Sí, (　　　　　　) la mesa.

食卓を準備してくれる? ー ええ、食卓を準備しますよ。

* poner la mesa で「食卓を準備する、テーブルをセッティングする」。

3 ¿ Conduces ?
– No, no (　　　　　　). [conducir 運転する]

君は運転するの? ー いいえ、運転しません。

解答

練習問題1

1 Salgo 2 Veo 3 Sé 4 Conozco

練習問題2

1 doy 2 pongo 3 conduzco

PARTE 2 スペイン語の基本表現

Lección 13

「のどが渇いています。」

直説法現在　その他の不規則動詞

１人称単数が不規則な形で、さらに語幹母音変化をする動詞があります。

Tengo（テンゴ） mucha（ムチャ） sed（セ）.

動詞 :tener（テネール）　形容詞　名詞（のどの渇き）

（私は）とても のどが渇いて います。

文法の解説

❶ 語幹母音変化（▶ p72）＋１人称単数が不規則な動詞（▶ p76）

原　形	tener（テネール） 持つ	venir（ベニール） 来る	decir（デシール） 言う
yo（ジョ） 私	tengo（テンゴ）	vengo（ベンゴ）	digo（ディゴ）
tú（トゥ） 君	tienes（ティエネス）	vienes（ビエネス）	dices（ディセス）
usted（ウステ）, él（エル）/ella（エジャ） あなた、彼 / 彼女	tiene（ティエネ）	viene（ビエネ）	dice（ディセ）
nosotros（ノソトロス）/nosotras（ノソトラス） 私たち	tenemos（テネモス）	venimos（ベニモス）	decimos（デシモス）
vosotros（ボソトロス）/vosotras（ボソトラス） 君たち	tenéis（テネイス）	venís（ベニス）	decís（デシス）
ustedes（ウステデス）, ellos（エジョス）/ellas（エジャス） あなたたち、彼ら / 彼女ら	tienen（ティエネン）	vienen（ビエネン）	dicen（ディセン）

❷ その他の不規則動詞

原　形	ir（イル） 行く	oír（オイール） 聞く
yo（ジョ） 私	voy（ボイ）	oigo（オイゴ）
tú（トゥ） 君	vas（バス）	oyes（オジェス）
usted（ウステ）, él（エル）/ella（エジャ） あなた、彼 / 彼女	va（バ）	oye（オジェ）
nosotros（ノソトロス）/nosotras（ノソトラス） 私たち	vamos（バモス）	oímos（オイモス）
vosotros（ボソトロス）/vosotras（ボソトラス） 君たち	vais（バイス）	oís（オイス）
ustedes（ウステデス）, ellos（エジョス）/ellas（エジャス） あなたたち、彼ら / 彼女ら	van（バン）	oyen（オジェン）

❷ は、Lección11、12で見てきた不規則な活用のどれにもあてはまらない動詞です（▶ p159）。

❸ 動詞 tener（テネール） のいろいろな使い方

●属性を「持っている」ことを表します。

例 **María（マリア） tiene（ティエネ） los（ロス） ojos（オホス） azules（アスレス）.** マリアは青い目をしている。

La（ラ） cocina（コシーナ） tiene（ティエネ） una（ウナ） ventana（ベンタナ） muy（ムイ） grande（グランデ）. 台所には大きな窓が１つある。

●主語が感じている状態を表します。

例 **tener（テネール） + {sed（セ）** のどの渇き／ **hambre（アンブレ）** 空腹／ **calor（カロール）** 暑さ／ **frío（フリオ）** 寒さ}

➡のどが渇いている／おなかがすいている／暑い／寒い

●年齢を表します。

例 **Tengo（テンゴ） veinticinco（ベインティシンコ） años（アニョス）.** 私は 25 歳です。

使ってみよう

前置詞 a（ア）と定冠詞 el（エル）が並んだ場合は、このように表記します。Voy a el cine.（ボイ ア エル シネ） → Voy al cine.（ボイ アル シネ）

Carmen（カルメン）： **Saori, mañana voy al cine.**（サオリ マニャナ ボイ アル シネ）
サオリ、明日、映画に行くの。

¿Vienes?（ビエネス）
来る？

Saori（サオリ）： **¿Qué película vas a ver?**（ケ ペリクラ バス ア ベール）
何の映画を見るの？

［ir a（イル ア）＋不定詞（動詞の原形）］で、「～するつもりだ／するでしょう」と未来のことを表します。

Carmen（カルメン）： **La última de Almodóvar.**（ラ ウルティマ デ アルモドバル）
アルモドバルの最新作よ。

Almodóvar（アルモドバル）はスペインの映画監督です。

Tengo dos entradas.（テンゴ ドス エントラーダス）
チケットを２枚持っているの。

原形：tener（テネール） 持っている

Saori（サオリ）： **¡Bien! Quiero ir.**（ビエン キエロ イル）
いいわね！行きたいわ。

Vamos a（バモス ア）＋不定詞（動詞の原形）で、「～しましょう」と勧誘を表します。

Carmen（カルメン）： **Pues, vamos a quedar en la entrada del cine sobre las seis.**（プエス バモス ア ケダール エン ラ エントラーダ デル シネ ソブレ ラス セイス）
じゃあ、映画館の入り口で６時ごろ待ち合わせましょう。

Saori（サオリ）： **De acuerdo. Hasta mañana.**（デ アクエルド アスタ マニャナ）
わかったわ。また明日。

時刻を表す場合、女性定冠詞を数字の前に置きます。

COLUMNA　お別れの表現

Hasta mañana.（アスタ マニャナ）「また明日」は一度は聞いたことがあるフレーズかもしれませんね。

昔は、「スペインではいつも期日通りに物事が進まない。すぐにこう言われる」と言われていましたが、このごろはそんなことはありません。電車も時間に正確。特に AVE（アベ）（スペイン高速鉄道）は、出発予定時刻2分前に乗れなくなります。空港のように手荷物検査もあるので、早めに駅に行きましょう。

また、hasta の後を変えて、Hasta luego（アスタ ルエゴ）「また後で」Hasta ahora（アスタ アオラ）「また後ほど」など、いろいろな表現ができます。

書いて覚えよう

この課で出てきた文法要素を含む例文を、音声を聞きながら、書いて覚えましょう。

原　形	tener 持つ	ir 行く	decir 言う	oír 聞く	venir 来る
yo 私は	tengo	voy	digo	oigo	vengo
tú 君は	tienes	vas	dices	oyes	vienes
usted, él/ella あなたは、彼／彼女は	tiene	va	dice	oye	viene
nosotros/ nosotras 私たちは	tenemos	vamos	decimos	oímos	venimos
vosotros/ vosotras 君たちは	tenéis	vais	decís	oís	venís
ustedes,ellos/ellas あなたたちは、彼ら／彼女らは	tienen	van	dicen	oyen	vienen

原　形	tener 持つ	ir 行く	decir 言う	oír 聞く	venir 来る
yo 私は					
tú 君は					
usted, él/ella あなたは、彼／彼女は					
nosotros/ nosotras 私たちは					
vosotros/ vosotras 君たちは					
ustedes,ellos/ellas あなたたちは、彼ら／彼女らは					

練習してみよう

この課で出てきた文法要素を含む練習問題を解いて、学んだことを定着させましょう。

練習問題1

日本語に合うように、下の動詞を選んで適切な形にし、(　　　　)内に入れましょう。

1 **Ahora(　　　　　　) al supermercado.**　今、私はスーパーに行きます。

2 **¿ Los niños (　　　　　　) hambre?**　子ども達はおなかがすいているの？

3 **(　　　　　　) un ruido en la cocina.**　（私には）台所で音が聞こえる。

4 **Ahora (　　　　　　).**　僕はすぐに戻るよ（すぐに来るよ）。

5 **Siempre te* (　　　　　　) la verdad.**
私はいつもあなたに本当のことを言っています。

*te は、間接目的格代名詞２人称単数で「君に」という意味です。

ir ／ oír ／ venir ／ tener ／ decir

練習問題2

下の（　　　）内に、動詞の適切な形を入れましょう。

1 **(　　　　　　) mucha hambre.**
私はとてもおなかが空いています。

2 **(　　　　　　) con vosotros.**
あなたたちと一緒に行きます。

3 **¿Me (　　　　　　) ? – Sí, te oigo bien.**
君、私の言うことが聞こえる？ ― ええ、よく聞こえます。

4 **¿(　　　　　　) la verdad?**
君たちは本当のことを言っているの？

解答

練習問題1
1 voy　2 tienen　3 Oigo　4 vengo　5 digo

練習問題2
1 Tengo　2 Voy　3 oyes　4 Decís

「～と一緒に」

前置詞と前置詞格人称代名詞

前置詞と、一緒に使われる前置詞代名詞をセットで覚えましょう。

ビエネス　コン　ノソトロス

¿Vienes con nosotros?

動詞 :venir（ベニール）　前置詞　前置詞格人称代名詞

「私たちと 一緒に 来る？」

文法の解説 ① よく使われる前置詞

● 名詞（句･節）や代名詞の前に置き、これらを文中の他の語句と結びつけるはたらきをします。

a（ア）	～へ、～に	**para**（パラ）	～のために（目的）、～宛て
con（コン）	～と一緒に	**por**（ポル）	～を通って、～によって（理由）
de（デ）	～から、～の、～について	**sin**（シン）	～なしで
en（エン）	～の中に	**sobre**（ソブレ）	～の上に、～について

例 **Estas gafas son de mi abuelo.** このメガネは祖父のです。

② 前置詞格人称代名詞

● 前置詞格人称代名詞は、前置詞の後ろに置かれ、その目的語となる人称代名詞です。

● 1人称単数、2人称単数を除き、主格人称代名詞（▶ p44）と同じ形です。

	単数	複数
1人称	**mí**（ミ） 私	**nosotros/nosotras**（ノソトロス/ノソトラス） 私たち
2人称	**ti**（ティ） 君	**vosotros/vosotras**（ボソトロス/ボソトラス） 君たち
3人称	**usted, él/ella**（ウステ、エル、エジャ） あなた、彼 / 彼女	**ustedes, ellos/ellas**（ウステデス、エジョス、エジャス） あなたたち、彼 / 彼女ら

例 **Los profesores hablan bien de ti.** 先生たちは君のことをよく言っている。

例 **Esta carta es para usted.** この手紙はあなた宛てです。

③ 前置詞 con　● 後ろに mí, ti が来る場合には一語で表します。

con + mí / ti ➡ conmigo / contigo

例 **¿Quieres comer conmigo?** 私と一緒にお昼をいかがですか？

④ 前置詞 a, de と定冠詞 el

● a、de と定冠詞 el が並ぶと、al、del のように一語で表します。

例 **Mañana voy a el teatro. ➡ Mañana voy al teatro.**

明日、私は劇を見に行きます。

使ってみよう

サオリ　エステ　パニュエロ　エス　プレシオソ
Saori： Este pañuelo es precioso.
このスカーフ、素敵ね。

カルメン　エス　パラ　ティ　サオリ
Carmen： Es para ti, Saori.
あなたのよ、サオリ。

フェリス　クンプレアニョス
¡Feliz cumpleaños!
お誕生日おめでとう！

サオリ　デ　ベルダ　ムチャス　グラシアス
Saori： ¿De verdad? Muchas gracias.
本当？　どうもありがとう。

エストイ　エモシオナーダ
Estoy emocionada.
感激だわ。

カルメン　エスタ　ノチェ　サルゴ　コン　ディエゴ
Carmen： Esta noche salgo con Diego
パラ　トマール　アルゴ
para tomar algo.
今夜、ディエゴと飲みに行くの。

ビエネス　コン　ノソトロス
¿Vienes con nosotros?
私たちと一緒に来る？

サオリ　シ　クラロ　ボイ　コン　ボソトロス
Saori： Sí, claro. Voy con vosotros.
ええ、もちろん。あなたたちと行くわ。

オス　インビート　ポルケ　オイ　エス　ミ　クンプレアニョス
Os invito porque hoy es mi cumpleaños.
今日は私の誕生日だから、おごるわ。

理由を表す文を導く接続詞 A porque B（ポルケ）で、「BだからA」となります。

直接目的格人称代名詞「君たちを」という意味。Os invito（オス インビート）で「君たちを招待する」となります。

COLUMNA　スペインでの誕生日

スペインでは、誕生日を迎える本人が友人にごちそうします。子どものころの誕生日パーティと同じような感じでしょうか。誕生日を迎えた人は、その年の数だけ耳を引っ張られるという習慣があります。

Happy birthday to you ♪のスペイン語バージョンは、バリエーションもありますが次のようになります。

クンプレアニョス　フェリス　クンプレアニョス　フェリス　テ　デセアモス　トドス　クンプレアニョス　フェリス
Cumpleaños feliz, cumpleaños feliz, te deseamos todos, cumpleaños feliz ♪

書いて覚えよう

この課で出てきた文法要素を含む例文を、音声を聞きながら、書いて覚えましょう。

ボイ　コン　ボソトロス
Voy con vosotros.
私はあなたたちと一緒に行きます。

エスタ　カミサ　エス　デ　アルゴドン
Esta camisa es de algodón.
このシャツは綿（製）です。

ポル　エスタ　カジェ　ジェガス　ア　ラ　エスタシオン
Por esta calle llegas a la estación.
この道を通れば駅に行けます。

ノ　プエド　ビビール　シン　ティ
No puedo vivir sin ti.
君なしでは生きられない。

バモス　コンティゴ
Vamos contigo.
私たちは君と一緒に行きます。

練習してみよう

この課で出てきた文法要素を含む練習問題を解いて、学んだことを定着させましょう。

練習問題1 日本語に合うように、適切な前置詞を下から選んで（　　　）内に入れましょう。

1 ¿ Dónde vives? - Vivo (　　　　) Kanagawa.
どこに住んでいるの？　ー　神奈川に住んでいるよ。

2 Este pañuelo es (　　　　) algodon.　このスカーフは綿（製）よ。

● pañuelo　スカーフ

3 Un café (　　　　) leche, por favor.　カフェオレを１つお願いします。

4 (　　　　) avión　航空便

con ／ en ／ de ／ por

練習問題2 下の文の下線部の間違いを直しましょう。

1 Esta noche vamos <u>a el</u> cine.　今夜、私たちは映画を見に行きます。

2 ¿Este paquete es para <u>yo</u>?　この小包みは私宛て？

3 Quiero ir a la fiesta <u>con ti</u>.　私は君と一緒にパーティに行きたい。

4 Mi casa está cerca <u>de el</u> hospital.　私の家は病院の近くです。

解答

練習問題1
1 en　2 de　3 con　4 por

練習問題2
1 al　2 mí　3 contigo　4 del

覚えておこう！

●いくつかの語がまとまって、前置詞の役割をすることがあります。使用頻度の高い、位置関係を表すものをいくつか見ておきましょう。

debajo de ~	～の下に	**encima de ~**	～の上に
delante de ~	～の前に	**detrás de ~**	～の後ろに
cerca de ~	～の近くに	**lejos de ~**	～の遠くに
al lado de ~	～の横に	**junto a ~**	～のすぐ近くに
a la izquierda de ~	～の左側に	**a la derecha de ~**	～の右側に

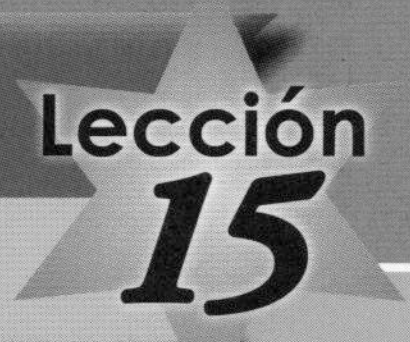

「私に～をくれる？」

目的格人称代名詞

目的格人称代名詞は、目的語としてはたらく人称代名詞です。

メ ダス トゥ ヌメロ デ テレフォノ

¿Me das tu número de teléfono?

目的格人称代名詞 動詞 :dar（ダール）「与える」

「私に あなたの電話番号を くれる？」

シ アオラ テ ロ ドイ

–Sí, ahora te lo doy.

目的格人称代名詞（間接＋直接） 動詞 :dar（ダール）

「はい、今すぐに 君に（それを）あげる。」

文法の解説

1 目的格人称代名詞の形

● 「～に」にあたる間接目的格人称代名詞と、「～を」にあたる直接目的格人称代名詞があり、３人称でのみ形が異なります。

		間接目的格人称代名詞「～に」	直接目的格人称代名詞「～を」
単数	1 人称	me（メ） 私	
	2 人称	te（テ） 君	
	3 人称	le（レ） (se)（セ） あなた、彼 / 彼女	lo（ロ）, la（ラ） あなた、彼 / 彼女
複数	1 人称	nos（ノス） 私たち	
	2 人称	os（オス） 君たち	
	3 人称	les（レス） (se)（セ） あなたたち、彼 / 彼女ら	los（ロス）, las（ラス） あなたたち、彼 / 彼女ら

lo は中性代名詞としても用いる

３人称は、男性名詞を指す場合には lo,los, 女性名詞を指す場合には la, las を用いる。

2 目的格人称代名詞の用法

● 目的格人称代名詞は、活用した動詞の前に置きます。

例 Te（テ） doy（ドイ） este（エステ） libro（リブロ）. 君にこの本をあげる。

● 間接、直接目的語の両方が人称代名詞の場合、語順は［間接＋直接］＋動詞になります。

例 ¿Me（メ） das（ダス） este（エステ） libro（リブロ）? – Sí（シ）, te（テ） lo（ロ） doy（ドイ）. 私にこの本をくれる？ ― うん、君にそれをあげる。

● 間接、直接目的格人称代名詞がともに３人称の場合、間接目的格代名詞 le（レ）, les（レス） は se（セ） になります。

例 ¿Das（ダス） esta（エスタ） corbata（コルバタ） a（ア） tu（トゥ） novio（ノヴィオ）? – Sí（シ）, se（セ） la（ラ） doy（ドイ）.

このネクタイを彼にあげるの？ ― ええ、彼に（それを）あげるの。

使ってみよう

Diego： **Saori, ¿tienes el número de teléfono del restaurante japonés Sakura?**
サオリ、日本食レストラン「サクラ」の電話番号持っている？

Lo siento. は「(そのことを) 残念に思います」→「すみません、ごめんなさい」を表します。

Saori： **A ver...lo siento. No lo tengo en mi móvil.**
えっと…。ごめんなさい。私の携帯に入っていないわ。

En casa tengo la tarjeta del restaurante.
家にレストランのカードがあるわ。

¿Te llamo esta noche?
今晩電話しましょうか？

Diego： **Sí, gracias.**
うん、ありがとう。

valer「価値がある」の３人称単数です。「オーケー」の意味になります。

Saori： **Vale. Pero no tengo tu número de teléfono.**
わかったわ。でも、私あなたの電話番号知らないわ。

¿Me lo das?
教えてくれる？

Diego： **Claro. Es el 6 5 4 ....**
もちろんだよ。654 …… だよ。

claro は「もちろん」の意味。

COLUMNA　古くからある下町のレストラン

まだ 50 数年の歴史ですが、庶民に親しまれているレストランがマドリードの下町、Antón Martín にあります。私がこのレストランに通い始めて 20 年近く、食事仲間の入れ替わりはありましたが、お店はずっとあるはず、と思い込んでいました。ところが、店長兼ウェイターがそろそろ引退するとのこと。一番若いウェイターが後を継ぐ、という話もありますが、果たしてうまくいくのか？　常連仲間と情報のやり取りをしていますが、最近、マドリードではお店の入れ替わりが激しく、訪れるたびに寂しい思いをすることがしばしばです。

DL 2_30

書いて覚えよう

この課で出てきた文法要素を含む例文を、音声を聞きながら、書いて覚えましょう。

メ　ポネ　ウナ　コパ　デ　ビノ　ティント　アオラ　セ　ラ　ポンゴ
¿Me pone una copa de vino tinto? – Ahora se la pongo.
私にグラスの赤ワインをください。 ー 今（あなたに）お持ちします。

レ　ダス　エステ　アニージョ　ア　トゥ　ノビア　シ　セ　ロ　ドイ
¿Le das este anillo a tu novia? – Sí, se lo doy.
この指輪を恋人にプレゼントするの？ ー うん、彼女に（それを）あげるよ。

オス　ピド　ペルドン
Os pido perdón.
君たちに謝るよ。

テ　ドイ　ミ　ディレクシオン　デ　コレオ　エレクトロニコ
Te doy mi dirección de correo electrónico.
君に私のメールアドレスをあげる。

●correo electrónico（コレオ エレクトロニコ）　電子メール

覚えておこう！

●「書いて覚えよう」2 つめの文には、間接目的語に相当する語句が2つ（Le（レ） / a tu novia（ア トゥ ノビア））あります。このように、目的格人称代名詞と目的語［a ＋名詞（句）、前置詞格人称代名詞］が同じ文の中で一緒に用いられることがあります。

練習してみよう

この課で出てきた文法要素を含む練習問題を解いて、学んだことを定着させましょう。

練習問題1 （　　）内に適切な目的格人称代名詞を入れ、会話文を完成させましょう。

1 **(　　　　) dices la verdad?**
– Sí, os (　　　　) digo.
私たちに本当のことを言っているの？
ー ええ、君たちにそれを言っているよ。

2 **¿Me trae la cuenta, por favor?**
– Sí, ahora mismo (　　　　) la traigo a usted.
会計をお願いします。
ー はい、今すぐお持ちいたします。

3 **¿Me presentas a tus padres?**
– Sí, te (　　　　) presento.
私にご両親を紹介してくれる？
ー ええ、紹介します。

4 **¿Llevas las maletas a la habitación?**
– Sí, (　　　　) llevo a la habitación.
部屋にスーツケースを持って行ってくれる？
ー うん、部屋に持っていくよ。

練習問題2 下の語句を正しい順序に並べ替えましょう。
＊語句はすべて小文字にしてあります。

1 **los se doy** 彼にそれらをあげる。 ________

2 **te digo lo** 君にそのことを言う。 ________

3 **traigo lo os** 君たちにそれを持ってきます。 ________

目的格人称代名詞は常に隣同士に置かなければなりません。

解答

練習問題1　**1** Nos, la　**2** se　**3** los　**4** las
練習問題2　**1** Se los doy.　**2** Te lo digo.　**3** Os lo traigo.

Lección 16 「～が好き。」

gustar 型動詞

「～が好き」という意味を表す gustar（グスタール）の使い方を見てみましょう。

Me gusta mucho el vino.
（メ グスタ ムチョ エル ビノ）

目的格人称代名詞＋動詞 :gustar（グスタール）　副詞　主語

（私は）ワインが 大好きです。

gustar（グスタール）と同じ文型をとる動詞には、doler（ドレール）（o → ue の語幹母音変化動詞）「痛む」、encantar（エンカンタール）「大好き」、interesar（インテレサール）「関心がある」などがあります。

文法の解説 ① gustar（グスタール）型動詞の使い方

- 動詞 gustar（グスタール）は、「好き」という感情を抱く人（B）を間接目的格人称代名詞に、その対象（A）を主語にとり、「A は B に好きという感情を抱かせる」➡「B は A が好き」を表します。

強調・対比・特定したいとき [a ＋前置詞格人称代名詞]	間接目的格人称代名詞 ～にとって（感情を抱く人）
A mí（ア ミ）	me（メ）私に
A ti（ア ティ）	te（テ）君に
A usted,（ア ウステ） A él/ella（ア エル エジャ）	le（レ） あなたに、彼 / 彼女に
A nosotros/nosotras（ア ノソトロス / ノソトラス）	nos（ノス）私たちに
A vosotros/vosotras（ア ボソトロス / ボソトラス）	os（オス）君たちに
A ustedes,（ア ウステデス） A ellos/ellas/los niños（ア エジョス / エジャス / ロス ニーニョス）	les（レス） あなたたちに、彼ら / 彼女らに

＋

動詞 gustar 好き	主語 ～が（感情を抱かせる対象）
gusta（グスタ）	el vino（エル ビノ）ワイン el café（エル カフェ）コーヒー la música clásica（ラ ムシカ クラシカ）クラシック音楽 jugar al fútbol（フガール アル フトボル）サッカーをすること
gustan（グスタン）	los animales（ロス アニマレス）動物 los dulces（ロス ドゥルセス）お菓子 las películas de terror（ラス ペリクラス デ テロール）ホラー映画 las pinturas de Goya（ラス ピントゥーラス デ ゴヤ）ゴヤの絵

② 語順

- 主語は動詞に後置する傾向があります。

例 **Nos gusta el chocolate.**（ノス グスタ エル チョコラテ）　私たちはチョコレートが好きだ。

- 「誰にとって」を明確にしたい場合には、前に **[a ＋名詞句]** を置きます。

例 **A María le gusta la música pop.**（ア マリア レ グスタ ラ ムシカ ポップ）　マリアはポップミュージックが好きだ。

- 「私にとってはね」などと強調、対比したい場合にも、前に [a ＋前置詞格人称代名詞] や [a ＋名詞句] を置きます。

例 **A mí me gusta viajar pero a mi hermana no le gusta.**（ア ミ メ グスタ ビアハール ペロ ア ミ エルマナ ノ レ グスタ）
[a ＋前置詞格人称代名詞]　[a ＋名詞句]

私は旅行するのが好きだけど、姉は好きではない。

使ってみよう

Carmen：Saori, mañana mi abuela prepara paella valenciana.
サオリ、明日、祖母がバレンシア風パエリアを作ってくれるの。

¿Te apetece ir conmigo a su casa?
私と一緒に祖母の家に行く？

apetecer は gustar と同じ文型をとる動詞で、「〜の気をそそる」の意味。

Saori：¡Qué bien!
いいわね！

Me gusta mucho la paella.
私、パエリア大好きよ。

¿Qué lleva la paella valenciana?
バレンシア風パエリアには何が入っているの？

Carmen：La auténtica paella valenciana no lleva mariscos.
本物のバレンシア風パエリアに魚介類は入っていないの。

Lleva pollo, conejo y verduras.
鶏肉、ウサギ肉と野菜が入っているわ。

Saori：¿Conejo? Pues, no voy.
ウサギ？　じゃあ、行かない。

Es que no como conejo.
私、ウサギは食べないの。

[es que +文] の形で、「〜というわけなのです」と理由を表します。

COLUMNA　パエリアのイメージは？

日本でパエリアというと、魚介類がたくさん入った炊き込みごはんを思い浮かべますよね。パエリア発祥の地バレンシアも地中海に面した街ですから。でも、バレンシアの伝統的なパエリアには魚介類は入っていません。もともとは農民たちの料理だったので、使う材料は山のもの、鶏肉、ウサギ肉、そしてインゲンなどの豆類です。日本でのイメージと異なりますね。

そして、paella はフライパンを意味する言葉です。これを用いて料理するところから paella と呼ばれるようになりました。

書いて覚えよう

この課で出てきた文法要素を含む例文を、音声を聞きながら、書いて覚えましょう。

メ　グスタ　ラ　ムシカ　クラシカ　イ　ア　ティ　ア　ミ　ノ

Me gusta la música clásica. ¿Y a ti? – A mí no.

私はクラシック音楽が好き。君は？ ー 私は嫌い。

ア　ミス　パドレス　レス　グスタ　ビアハール　イ　ア　ミ　タンビエン

A mis padres les gusta viajar y a mí también.

両親は旅行するのが好きで、私も（好き）です。

ノス　エンカンタ　サリル　デ　コパス

Nos encanta salir de copas.

私たちは飲みに行くのが大好きです。

ノ　メ　グスタン　ロス　ドゥルセス　ア　ミ　シ

No me gustan los dulces. – A mí sí.

私、甘いものは好きではないの。 ー 私は好き。

ア　マリオ　ノ　レ　グスタン　ラス　セリエス　ア　ミ　タンポコ

A Mario no le gustan las series. – A mí tampoco.

マリオはドラマが好きではないの。 ー 私も好きじゃない。

練習してみよう

この課で出てきた文法要素を含む練習問題を解いて、学んだことを定着させましょう。

練習問題1

（　　）内に、適切な間接目的格人称代名詞を入れてください。

1 ¿ (　　　　　) duele la cabeza?
君は頭が痛いの？

2 A María (　　　　　) gusta ver la televisión.
マリアはテレビを見るのが好き

3 (　　　　　) interesa la historia de España.
私たちはスペイン史に関心がある。

4 ¿ (　　　　　) apetece un café?
君たち、コーヒーはいかが？

練習問題2

日本語に合う会話文になるように、p94 の例文を参考に適切な答えを下から選びましょう。

1 Me gusta leer. ー ＿＿＿＿＿＿＿＿＿＿
私は読書が好き。　ー 私も（好き）よ。

2 A Rosario no le gusta caminar. ー ＿＿＿＿＿＿＿＿＿＿
ロサリオは歩くのが好きではない（嫌い）。」　ー 私は好きよ。

3 Me encantan las películas románticas. ＿＿＿＿＿＿＿＿＿＿
私はロマンス映画が大好き。　ー 私は好きじゃないわ。

4 No nos interesa la música rock. ー ＿＿＿＿＿＿＿＿＿＿
私たちはロック音楽に興味がないわ。　ー 私も興味ないわ。

① A mí sí.　② A mí tampoco.　③ A mí también.　④ A mí no.

解答

練習問題1

1 Te　2 le　3 Nos　4 Os

練習問題2

1 ③　2 ①　3 ④　4 ②

PARTE 2 スペイン語の基本表現

Lección 17

「何時ですか？」

疑問詞を使った疑問文①

「何」「どれ」「誰」などを聞く疑問詞の使い方を学びましょう。

ケ　オラ　エス　ソン　ラス　シエテ　イ　メディア

¿Qué hora es? – Son las siete y media.

疑問詞　名詞　動詞：ser（セール）　動詞：ser（セール）

何 時 ですか？ ー 7時半 です。

文法の解説

① 疑問詞の種類と使い方

qué（ケ）　単独で「何」、後ろに名詞をともなって「何の、どんな」。

例 **¿Qué vas a estudiar en la universidad?** 君は大学で何を勉強するつもり？
（ケ バス ア エストゥディアール エン ラ ウニベルシダ）

¿Qué periódico leéis generalmente? 君たちはいつも何新聞を読んでいるの？
（ケ ペリオディコ レエイス ヘネラルメンテ）

cuál（クアル）　限定された対象の中から選ぶ「どれ」。日本語訳は「何、どこ」などさまざまです。

例 **¿Cuál es tu paraguas?** （傘立ての傘を見ながら）君の傘はどれ？
（クアル エス トゥ パラグアス）

quién（キエン）　「だれ」

例 **¿Quiénes son aquellas chicas?** あの女の子たちはだれ？
（キエネス ソン アケジャス チカス）

② 疑問詞が入る文の語順

● 疑問詞で始まる文では、[動詞＋主語]の語順になります。前置詞の位置に注意してください。

例 **¿De quién es este libro? – Es de Carlos?** この本は誰の？ ー カルロスのだよ。
（デ キエン エス エステ リブロ　エス デ カルロス）
前置詞　動詞＋主語　前置詞

③ 疑問詞 qué（ケ）を使った特定表現

● 時刻は次のように尋ねます。 ――1時の場合は es、

例 **¿Qué hora es? – Es la una. / Son las dos, tres, cuatro...**
（ケ オラ エス　エス ラ ウナ　ソン ラス ドス トレス クアトロ）
何時ですか？ ー 1時です / 2時、3時、4時…です。 ――2時からは son

例 **¿A qué hora sales de casa? – Salgo de casa a las ocho.**
（ア ケ オラ サレス デ カサ　サルゴ デ カサ ア ラス オチョ）
何時に家を出るの？ ー 8時に家を出ます。

● 曜日は次のように尋ねます。

例 **¿Qué día es hoy? – Es lunes.** 今日は何曜日？ ー 月曜日です。
（ケ ディア エス オイ　エス ルネス）

時刻や曜日を表す語は p154-155 も参照してください。

使ってみよう

Saori： Diego, ¿qué vas a hacer este fin de semana?
ディエゴ、今週末は何をする予定？

Diego： Todavía no tengo planes.
まだ予定はないよ。

Saori： Carmen y yo comemos en mi casa el domingo.
カルメンと私は、日曜日に私の家でお昼を食べるの。

¿Te apuntas?
来ない？

再帰動詞（▶ p110）apuntarse の主語が２人称単数のときの形。「登録する、参加する」の意味で、誘うときによく使います。

Diego： ¡Qué bien! Gracias.
いいね。ありがとう。

¿A qué hora comemos ?
ごはんは何時？

Saori： A las dos.
2時に（お昼にしましょう）。

Diego： De acuerdo. Voy a llevar una tarta para el postre.
了解。デザートにケーキを持っていくよ。

Saori： ¡Genial!　Hasta el domingo.
いいわね！　日曜日に（会いましょう）。

話し言葉でよく使う、「すごくいいね」というニュアンスの表現。

COLUMNA　庶民の強い味方「バル」

スペインの昼食は遅く、2時から４時ごろにとります。レストランが開くのも1時ごろです。そんな時間まで待てない、という場合は、バルで軽食をとりましょう。

スペインのバルは朝から晩まで開いていて、庶民の強い味方。マドリード郊外、大学街のアルカラ・デ・エナーレスでは、ほとんどのバルで飲み物を頼むとタパスがついてきます。そのためか飲み物の料金は少々高めに感じるかもしれません。けれども、かなりのお得感はあります。タパスがつくのはうれしいのですが、食事前に寄ってしまうとそれだけでお腹がいっぱいになってしまうのが困るところです。

DL 2_34

書いて覚えよう

この課で出てきた文法要素を含む例文を、音声を聞きながら、書いて覚えましょう。

ポル ケ エストゥディアス エスパニョール

¿Por qué estudias español?

なぜ君はスペイン語を勉強するの？

●por qué（ポル ケ） なぜ

ア ケ オラ ケダモス

¿A qué hora quedamos?

何時に待ち合わせましょうか？

●a（ア） ～に

●quedar（ケダール） 待ち合わせる

クアル エス ラ カピタル デ エスパニャ

¿Cuál es la capital de España?

スペインの首都はどこですか？

クアル エス トゥ ヌメロ デ テレフォノ

¿Cuál es tu número de teléfono?

君の電話番号は何番？

コン キエン バス ア バレンシア

¿Con quién vas a Valencia?

誰とバレンシアに行くの？

練習してみよう

この課で出てきた文法要素を含む練習問題を解いて、学んだことを定着させましょう。

練習問題1

（　　　）内に入る適切な疑問詞を下から選んで入れてください。
注：選択肢は小文字にしてあります。

1 **¿(　　　　　) día es hoy?**　今日は何曜日ですか？

2 **¿(　　　　　) es la capital de Francia?**
フランスの首都はどこですか？

3 **¿ (　　　　　) son tus padres?**
（写真を指して）君のご両親はどの人？

4 **¿(　　　　　) son aquellas chicas guapas?**
あのきれいな女の子たちは誰？

5 **¿De (　　　　　) es este abrigo?**　このコート、誰の？

cuál ／ quiénes ／ cuáles ／ qué ／ quién

練習問題2

左右の文を正しく結びつけてください。

1 **¿Qué hora es?** •	• **Son las diez.**
2 **¿Qué día es hoy?** •	• **Voy con mi amigo.**
3 **¿A qué hora quedamos?** •	• **Es domingo.**
4 **¿Con quién vas a Madrid?** •	• **Quedamos a las dos.**

解答

練習問題1

1 Qué　**2** Cuál　**3** Cuáles　**4** Quiénes　**5** quién

練習問題2

1「何時ですか?」→ Son las diez.「10 時です。」
2「今日は何曜日?」→ Es domingo.「日曜日です。」
3「何時に待ち合わせましょうか?」→ Quedamos a las dos.「2時に待ち合わせましょう。」
4「誰とマドリードに行くの?」→ Voy con mi amigo.「友達と行くよ。」

Lección 18 「今日は何日ですか？」

疑問詞を使った疑問文②

「いくつ」「どこ」「いつ」「どのように」などを聞く疑問詞の使い方を見てみましょう。

¿A cuántos estamos hoy?

疑問詞　動詞：estar

今日は 何日 ですか？

– Estamos a 10 de marzo.

動詞：estar

3月10日 です。

文法の解説

1 疑問詞の種類と使い方②

cuánto　「どれだけ、いくつ（の）」

例 **¿Cuántos años tienes?**　君はいくつ？

対象が複数の場合は -s がついて cuántos になります。

dónde　「どこ」

例 **¿Dónde vive Sofía?**　ソフィアはどこに住んでいるの？

-Vive en la Calle de Toledo, cerca de la Plaza Mayor.

— マヨール広場近くのトレド通りに住んでいるわ。

例 **¿A dónde vas? - Voy al supermercado.**　どこに行くの？ — スーパーに行くの。

cuándo　「いつ」

例 **¿Cuándo vas a España? - Voy a España el 5 de mayo.**

いつ君はスペインに行くの？ — 5月5日にスペインに行きます。

例 **¿Hasta cuándo vas a estar en Madrid?**　君はいつまでスペインにいるの？

- Voy a estar hasta el 12 de marzo.　3月12日までいます。

cómo　「どのような、どのように」

例 **¿Cómo estás? - Bien, gracias.**　ごきげんいかが？ — 元気です、ありがとう。

¿Cómo es la comida española? - Es muy variada.

スペインの食事はどのようなものですか？ — とても変化に富んでいます。

日にちを表す語は p154 も参照してください。

2 疑問詞 cuánto を使った特定表現

● 日付は次のように尋ねます。

例 **¿A cuántos estamos hoy?　- Estamos a 15 de julio.**

今日は何日ですか？ — 7月15日です。

使ってみよう

Saori：¡Hola!　¿A dónde vas?
こんにちは。どこに行くの？

Adónde と一緒に書くこともあります。

Carmen：¡Hola, Saori!. Voy a comprar un regalo de cumpleaños para mi hermana Cristina.
こんにちは、サオリ。妹のクリスティーナの誕生日プレゼントを買いに行くの。

Saori：¿Cuándo es su cumpleaños?
彼女の誕生日はいつなの？

Carmen：Es el 15 de octubre.
10 月 15 日よ。

Saori：¿Cuántos años va a cumplir?
いくつになるの？

Carmen：Va a cumplir 11 años.
11 歳になるわ。

Saori：¿Cómo es?
（妹さんは）どんな感じなの？

Carmen：Es rubia y tiene los ojos azules.
金髪で、青い目をしているの。

¿Cómo es? どんな感じ？

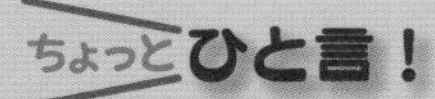

「どのような」を尋ねる疑問詞の cómo は、動詞 ser とともに用いると「どんな人ですか?」となり、その人の性格や容姿を尋ねる疑問文になります。

いっぽう、¿Cómo está ～? と、動詞 estar とともに用いると、「(～の) 調子はどうですか?」と状態を尋ねる疑問文になります。そのようなときの答えは、たとえば Está bien.「 元気よ。」となります。

PARTE 2 スペイン語の基本表現

書いて覚えよう

この課で出てきた文法要素を含む例文を、音声を聞きながら、書いて覚えましょう。

ア　クアントス　エスタモス　オイ
¿A cuántos estamos hoy?
今日は何日ですか？

デ　ドンデ　エレス
¿De dónde eres?
君はどこの出身？

クアンド　ブエルベン　トゥス　パドレス　デ　ビアヘ
¿Cuándo vuelven tus padres de viaje?
あなたのご両親はいつ旅行から戻るの？

コモ　エス　トゥ　プロフェソール　デ　エスパニョール
¿Cómo es tu profesor de español?
あなたのスペイン語の先生はどんな感じ？

クアント　エス　エン　トタル
¿Cuánto es en total?
全部でおいくらですか？

練習してみよう

この課で出てきた文法要素を含む練習問題を解いて、学んだことを定着させましょう。

練習問題1

（　　　）内に適切な疑問詞を入れてください。

1 ¿(　　　) trabaja(トラバハ) Eduardo(エドゥアルド)?

エドゥアルドはどこで働いているの？

2 ¿(　　　) son(ソン) ustedes(ウステデス)?

（レストランで）何名さまですか？

3 ¿Desde(デスデ) (　　　) vives(ビベス) aquí(アキ)?

いつからここに住んでいるの？

4 ¿(　　　) es(エス) en(エン) total(トタル)?

全部でいくらですか？

5 ¿(　　　) vas(バス) al(アル) trabajo(トラバホ)?

どうやって仕事に行っているの？

練習問題2

次の文を和訳してください。

1 ¿Cuántos(クアントス) años(アニョス) tienes(ティエネス)?　＿＿＿＿＿＿＿＿＿＿

2 ¿Cómo(コモ) es(エス) tu(トゥ) padre(パドレ)?　＿＿＿＿＿＿＿＿＿＿

3 ¿Cómo(コモ) está(エスタ) usted(ウステ)?　＿＿＿＿＿＿＿＿＿＿

4 ¿De(デ) dónde(ドンデ) sois(ソイス)?　＿＿＿＿＿＿＿＿＿＿

解答

練習問題1

1 Dónde(ドンデ)　2 Cuántos(クアントス)　3 cuándo(クアンド)　4 Cuánto(クアント)　5 Cómo(コモ)

練習問題2

1（君は）何歳？
2（君の）お父さんはどんな人？
3 ごきげんいかがですか？
4（君たちは）どちらの出身？

COLUMNA

スペインでは１日５食?

スペイン語を勉強し始めたころ、授業で「スペインでは１日５食」と言われ、「スペイン人はそんなに食べるのか！?」と驚いたことがあります。

そう言われて考えてみると、朝食、昼食、夕食という単語 desayuno（デサジューノ）、comida（コミダ）、cena（セナ） のほかに、almuerzo（アルムエルソ）、merienda（メリエンダ） という、午前と午後の軽食を表す単語もあります。

almuerzo（アルムエルソ） は、昼食を意味することもありますが、おもに午前 11 時ごろにとる軽食を表します。お昼ご飯は２時から４時ごろにとるので、merienda（メリエンダ） は夕方の５時から7 時ごろ、夕飯は、９時すぎに軽くいただきます。

almuerzo は、留学しているときには少々めんどうなシステムでした。手続きなどで事務室に行かなければならないとき、11 時ごろに行くと「あと５分で戻る」とポストイットが事務室のドアに貼ってあって、ドアには鍵が……。

戻ってくるのは 11 時半をはるかにすぎたころで、「いつから５分なんだ?」と思うことがしばしばありました。事務の人たちはというと、カフェテリアで軽食をとりながら談笑中。「この話が終わらなければ、事務室は開かないな」とわかってからは、ドアが閉まっているとカフェテリアに様子を見に行くようになりました。

ただし、終わりそうで終わらないのがスペイン人の話。話だけではなく、別れの挨拶も長い。「そんなに話があるなら、まだ別れないで座ってはなしていればいいのに」と何度も思ったものです。

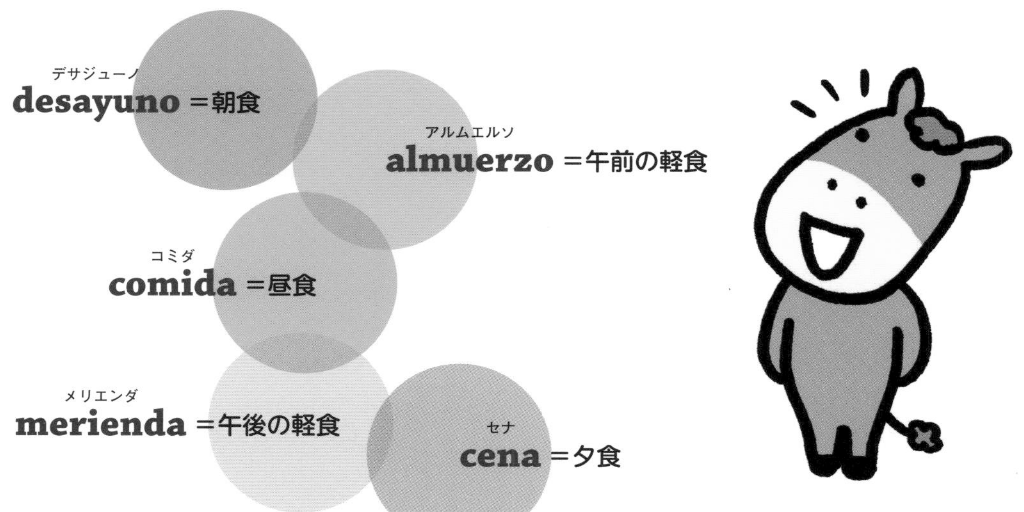

スペイン語の応用表現

Lección 1 「友人の１人」

所有形容詞（完全形）

所有形容詞の短縮形は Lección8（▶ p60）で学びましたが、ここでは完全形について見ていきましょう。

マニャナ　ビエネ　ウン　アミーゴ　ミーオ　ア　エスパニャ

Mañana viene un amigo mío a España.

動詞 :venir（ベニール）　不定冠詞＋名詞＋所有形容詞（完全形）

明日、私の友人の１人が スペインに 来ます。

文法の解説

1 所有形容詞完全形の用法

名詞＋所有形容詞完全形　形容詞と同じように名詞を修飾します。名詞の後ろに置くので、名詞の前に冠詞や指示詞をつけ、表現を広げることができます。

例 **un amigo mío**（ウン アミーゴ ミーオ）　私の友人の１人

unas amigas mías（ウナス アミーガス ミーアス）　何人かの私の女友達

[A ＋ ser（セール） ＋ B（所有形容詞完全形）]　「A は B のです」（所有形容詞 B は主語 A の性数に一致）という意味を表します。

例 **Estas gafas son mías.**（エスタス ガファス ソン ミーアス）　このメガネは私のです。

所有代名詞（定冠詞＋所有形容詞完全形）　「～のもの」を表します。

例 **Estas gafas son mías. ¿Dónde están las tuyas?**（エスタス ガファス ソン ミーアス ドンデ エスタン ラス トゥージャス）　このメガネは私のです。君の(もの)はどこ？

2 所有形容詞完全形の語形変化

所有者	所有される人、物（単数）		所有される人、物（複数）	
	amigo（アミーゴ） 男 友達	amiga（アミーガ） 女	amigos（アミーゴス） 男	amigas（アミーガス） 女
私の	mío（ミーオ）	mía（ミーア）	míos（ミーオス）	mías（ミーアス）
君の	tuyo（トゥージョ）	tuya（トゥージャ）	tuyos（トゥージョス）	tuyas（トゥージャス）
あなたの、彼／彼女の	suyo（スージョ）	suya（スージャ）	suyos（スージョス）	suyas（スージャス）
私たちの	nuestro（ヌエストロ）	nuestra（ヌエストラ）	nuestros（ヌエストロス）	nuestras（ヌエストラス）
君たちの	vuestro（ブエストロ）	vuestra（ブエストラ）	vuestros（ブエストロス）	vuestras（ブエストラス）
あなたたちの、彼／彼女らの、	suyo（スージョ）	suya（スージャ）	suyos（スージョス）	suyas（スージャス）

使ってみよう

Saori： **Quiero comprar un móvil nuevo.**
新しい携帯がほしいの。

¿Puedes enseñarme el tuyo?
あなたのを見せてくれる？

tu móvil を指します。móvil「携帯電話」が男性単数名詞なので、男性単数定冠詞 el ＋所有形容詞2人称単数男性形 tuyo で、「君の（もの＝携帯）」となります。

「私の（携帯電話）」＝ mi móvil を指します。

Carmen： **Sí, pero el mío no es muy nuevo.**
いいけど、でも、私のはそんなに新しくないわ。

Lo llevo casi tres años.
3年くらい持っているのよ。

Saori： **Pero ¿funciona bien?**
でも、うまく機能しているの？

Carmen： **Sí, de momento, funciona muy bien.**
ええ、今のところ、とてもよく動いているわ。

Saori： **Bueno, voy a la tienda de móviles.**
さてと、私は携帯ショップに行くわ。

¿Me acompañas?
つき合ってくれる？

Carmen： **Sí, vamos.**
ええ、行きましょう。

¡Oiga, señor! Ese paraguas es mío.
ちょっと、旦那さん！　その傘は私のよ。

動詞 oír「聞く、聞こえる」の usted に対する命令の表現。相手の注意を引くときに使います。

COLUMNA　呼びかけの表現

名前を知らない人に呼びかけるときに、男性には **¡Oiga, señor!**「ちょっと、旦那さん！」のように **señor** を、女性には **señora**, **señorita**（若い女性に対して）を使います。**señor señora, señorita** は英語の **Mr. Mrs.(Ms.),Miss** に相当します。**Sr. Sra. Srta.** と略し、**Sr. Fernández**「フェルナンデスさん」のようにも使います。また、呼びかけではなく、主語や目的語になる場合は定冠詞が必要になります。

例 Conozco a la señorita López.　私はロペス嬢を知っています。

書いて覚えよう

この課で出てきた文法要素を含む例文を、音声を聞きながら、書いて覚えましょう。

エストス　グアンテス　ソン　ミーオス
Estos guantes son míos.
この手袋は私のです。

● guantes（グアンテス）　手袋

アケージャ　モト　エス　ミーア
Aquella moto es mía.
あのバイクは私のです。

● moto（モト）（motocicleta（モトシクレタ）の略）　バイク

マニャナ　コモ　コン　マリア　イ　ウン　アミーゴ　スージョ
Mañana como con María y un amigo suyo.
明日、私たちはマリア、そして彼女の友人の一人（男性）とお昼を食べます。

マニャナ　セノ　コン　マヌエル　イ　ウナス　アミーガス　スージャス
Mañana ceno con Manuel y unas amigas suyas.
明日、私はマヌエル、そして彼の女友達の何人かと夕飯を食べます。

エステ　コチェ　エス　ヌエストロ
Este coche es nuestro.
この車は私たちのです。

● coche（コチェ）　車

練習してみよう

この課で出てきた文法要素を含む練習問題を解いて、学んだことを定着させましょう。

練習問題1 [　　] 内の語を日本語に合うように、下線部をヒントに（　　）内に適切な語を入れましょう。

1 Este abrigo es (　　　　). — ¿Dónde está el tuyo? [suyo]
男単
このコートは彼のです。君のはどこ？

2 Estos zapatos son míos. — ¿Dónde están los (　　　　)? [tuyo]
男複
この靴は僕のです。君のはどこ？

3 La próxima semana una amiga (　　　　) viene aquí. [nuestro]
女単
来週、私たちの友人の1人がここに来ます。

4 Señores Muñoz, ¿este coche es (　　　　)? [suyo]
男単
ムニョスご夫妻、このお車はあなた方の（車）ですか？

練習問題2 日本語に合うように、（　　）内に適切な語を入れてください。

1 La mochila de Sonia es roja y la (　　　　) es azul.
女単
ソニアのリュックは赤で、私のは青です。

● mochila リュック
● rojo 赤い

2 Estas maletas son nuestras. Las (　　　　) están allí.
女複
これらのスーツケースは僕たちのです。君たちのはあちらにあります。

3 Vuestra casa es grande pero la (　　　　) es pequeña.
女単
君たちの家は大きいけど、私たちのは小さい。

4 Aquel coche de lujo es (　　　　).
男単
あの豪華な車は彼らのです。

● lujo 豪華な

5 No es culpa (　　　　).
女単
君のせいじゃないよ。

解答

練習問題1　**1** suyo　**2** tuyos　**3** nuestra　**4** suyo

練習問題2　**1** mía　**2** vuestras　**3** nuestra　**4** suyo　**5** tuya

PARTE 3 スペイン語の応用表現

Lección 2

「私は 7 時半に起きます。」

再帰動詞

再帰動詞は、再帰代名詞をともなう動詞で作られ、主語が行う動作が主語自身に及ぶことを表します。

メ　レバント　ア　ラス　シエテ　イ　メディア

Me levanto a las siete y media.

再帰動詞

(私は) 7 時半に 起きます。

文法の解説

1 再帰動詞の構成

● 再帰代名詞「自分自身を／に」をともなった動詞を再帰動詞と呼びます。再帰代名詞は主語の人称と数に一致します。

私自身を ＋ 起こす → 起きる

levantarse (レバンタールセ) 起きる			
yo (ジョ) 私は	me levanto (メ レバント)	nosotros/nosotras (ノソトロス/ノソトラス) 私たちは	nos levantamos (ノス レバンタモス)
tú (トゥ) 君は	te levantas (テ レバンタス)	vosotros/vosotras (ボソトロス/ボソトラス) 君たちは	os levantáis (オス レバンタイス)
usted, él/ella (ウステ、エル/エジャ) あなたは、彼／彼女は	se levanta (セ レバンタ)	ustedes,ellos/ellas (ウステデス、エジョス/エジャス) あなたたちは、彼ら／彼女らは	se levantan (セ レバンタン)

2 再帰代名詞は、主語が行う動作が主語自身に及ぶことを表す。

● 再帰代名詞が直接目的語の役割を果たし、「自分自身を」という意味になります。

例 **Marina se levanta a las ocho.** (マリナ セ レバンタ ア ラス オチョ) マリナは 8 時に起きる。

● 直接目的語が他にある場合、再帰代名詞が間接目的語の役割を果たし、「自分自身に」という意味になります。

例 **lavarse las manos** (ラバールセ ラス マノス) 手を洗う

➡ **Marina se lava las manos.** (マリナ セ ラバ ラス マノス) マリナは自分の手を洗う（自分自身に対して手を洗う）。

使ってみよう

Saori：¿A qué hora te levantas generalmente?
いつも何時に起きるの？

[sobre +時刻] で、「～時ごろ」を表します。前置詞 a を用いると「～時に」となります。

Diego：Me levanto sobre las siete entre semana.
平日は7時ごろ起きるよ。

「平日（は）」という意味。「週末」は fin de semana を使います。

Saori：¿A qué hora te acuestas generalmente?
いつも何時に寝るの？

Diego：Pues, me acuesto sobre las once.
うーん、だいたい 11 時に寝るよ。

「～する前に」という意味。「～した後に」は [después de +不定詞] で表します。

Saori：Y ¿te lavas los dientes antes de desayunar?
で、朝食をとる前に歯を磨くの？

Diego：Sí... pero Saori, ¿Por qué quieres saberlo?
うん…でも、サオリ、なんでそんなことを知りたいの？

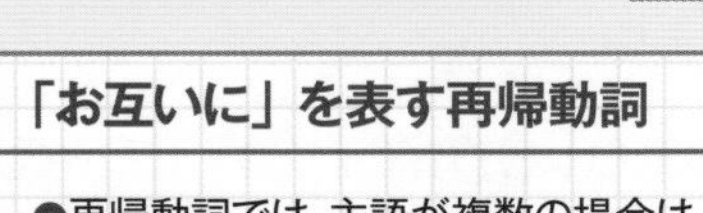

「お互いに」を表す再帰動詞　ひとくちメモ

●再帰動詞では、主語が複数の場合は、「お互いに」という意味になることがあります。

例 **Inés y Nacho se quieren.**
イネスとナチョはお互いに愛し合っている。

Inés →愛する→ Nacho
Inés ←愛する← Nacho
} 相互の意味

書いて覚えよう

この課で出てきた文法要素を含む例文を、音声を聞きながら、書いて覚えましょう。

ノス　ベモス　マニャナ
Nos vemos mañana.
(私たちは) 明日会いましょう。

ベルセ
● verse　(互いに) 会う

ミス　パドレス　セ　キエレン
Mis padres se quieren.
私の両親はお互いに愛し合っています。

メ　ドゥチョ　ポル　ラ　マニャナ
Me ducho por la mañana.
私は朝シャワーを浴びます。

ドゥチャルセ
● ducharse　シャワーを浴びる

ロス　ニーニョス　セ　ポネン　エル　アブリゴ　パラ　サリル　アル　パティオ
Los niños se ponen el abrigo para salir al patio.
子どもたちは中庭に出るためにコートを着ます。

ポネルセ
● ponerse　着る

ロス　ハポネセス　セ　キータン　ロス　サパートス　アル　エントラール　エン　カサ
Los japoneses se quitan los zapatos al entrar en casa.
日本人は、家に入るときに靴を脱ぎます。

キタルセ
● quitarse　脱ぐ、取り除く

練習してみよう

この課で出てきた文法要素を含む練習問題を解いて、学んだことを定着させましょう。

練習問題1　（　　）内に適切な語を入れましょう。

1 **Mi abuela (　　　　) pone el abrigo antes de salir a la calle.**
祖母は外出する前にコートを着ます。

2 **¿(　　　　) bañais por la mañana o por la noche?**
-(　　　　) bañamos por la noche?
君たちは朝お風呂に入るの？　それとも夜？
夜入りますよ。

3 **Manuel y yo (　　　　) ayudamos siempre.**
マヌエルと私はいつもお互いに助け合っています。

練習問題2　日本語に合うように、（　　　　）内に適切な語を入れましょう。

1 **¿Te (　　　　) el sombrero al comer?**
君は食事のときに帽子を脱ぐの？

2 **Nos (　　　　) las manos antes de comer.**
私たちは食事の前に手を洗います。

3 **Mi hermano se (　　　　) por la mañana.**
兄は朝、シャワーを浴びます。

4 **Juana y Mario se (　　　　).**
フアナとマリオはお互いに愛し合っています。

ducharse ／ lavarse ／ quererse ／ quitarse

解答

練習問題1	1 se	2 Os , Nos	3 nos	
練習問題2	1 quitas	2 lavamos	3 ducha	4 quieren

Lección 3 「話をしているあの女性は誰ですか？」

関係代名詞 que の用法

２つの文を１つにつなげる関係代名詞 que（ケ）のはたらきを見てみましょう。

キエン　エス　アケージャ　チカ　ケ　アブラ　コン　ディエゴ

¿Quién es aquella chica que habla con Diego?

先行詞　関係代名詞　関係節

ディエゴと話している（あの）女性は誰ですか？

文法の解説

1 関係代名詞のはたらき

- 関係代名詞は、２つの文を１つにつなげるはたらきをします。
- 関係詞で導かれる節（関係節）は、主節（メインとなる文）にある語（先行詞）を修飾します。

先行詞

キエン　エス　アケージャ　チカ　　　　アケージャ　チカ　アブラ　コン　ディエゴ

例 **¿Quién es aquella chica?** ＋ **(Aquella chica) habla con Diego.**

あの女性は誰ですか？　　　ディエゴと話している（あの女性）。

que を用いて1つの文に！
主節の chica を修飾して関係節にする。

先行詞

キエン　エス　アケージャ　チカ　ケ　アブラ　コン　ディエゴ

¿Quién es aquella chica que habla con Diego?

ディエゴと話しているあの女性は誰ですか？

2 que（ケ）は最もよく使われる関係代名詞

- 先行詞は、人、事物のどちらでも可能です。

ラ　タルタ　デ　サンティアゴ　エス　ウナ　タルタ　ケ　メ　グスタ　ムチョ

例 **La tarta de Santiago es una tarta que me gusta mucho.**

「タルタ・デ・サンティアゴ」は私が大好きなケーキです。

アオラ　テ　ドイ　ウン　ボジョ　ケ　アカボ　デ　コンプラール

例 **Ahora te doy un bollo que acabo de comprar.**

今、君に私が買ってきたばかりの菓子パンをあげる。

tarta de Santiago（タルタ・デ・サンティアゴ）は、表面に「聖ヤコブ（サンティアゴ）の十字架が型抜きされた、スペイン、ガリシア地方の伝統的なケーキです。小麦粉は使わず、アーモンド、砂糖、卵などを使って作られます。

使ってみよう

Saori： **Mira, Carmen. ¿Quién es aquella chica que habla con Diego?**
ねえ、カルメン。ディエゴと話しているあの女性はどなた？

Carmen： **Muchas chicas están con él.**
たくさんの女性が彼と一緒にいるわ。
¿A qué chica te refieres?
どの女性のことを言っているの？

文頭にMe refiero「私の言っている」が省略されています。

Saori： **A la chica que tiene el pelo largo y liso.**
長くてストレートの髪をした女性よ。

動詞 parecer は「〜のようだ」の意味ですが、再帰動詞としては「〜に似ている」という意味になります。

Carmen： **No la conozco.**
彼女のことは知らないわ。
¿Por qué me preguntas soble ella?
なぜ私に彼女のことを聞くの？

Saori： **Porque se parece a una camarera del restaurante donde suelo comer.**
私がよく食事をするレストランのウェイトレスに似ているから…。

関係副詞で、先行詞に場所を表す名詞（句）や副詞（句）をとります。

¿A qué chica te refieres?　ちょっとひと言！

どの女性のことを言っているの？

referirse a... で「〜に言及する」という意味です。qué chica「どの女性」は、この「〜に言及する」の〜の部分を尋ねており、それが文頭に出るので、前置詞 a も一緒に前に出ます。

書いて覚えよう

この課で出てきた文法要素を含む例文を、音声を聞きながら、書いて覚えましょう。

テンゴ　ウン　アミーゴ　ケ　アブラ　ハポネス
Tengo un amigo que habla japonés.
私には日本語を話す友人がいます。

コノスコ　アル　チコ　ケ　アブラ　コン　ルイス
Conozco al chico que habla con Luis.
私はルイスと話している男性を知っています。

メ　グスタ　ラ　ムシカ　ケ　エスクチャーモス
Me gusta la música que escuchamos.
私は今聞いている音楽が好きです。

エル　コチェ　ケ　エスタ　アジ　エス　デ　ペドロ
El coche que está allí es de Pedro.
あそこにある車はペドロのです。

エル　チコ　ケ　エスタ　デトラス　デ　マリア　エス　ダミアン
El chico que está detrás de María es Damián.
マリアの後ろにいる男性はダミアンです。

練習してみよう

この課で出てきた文法要素を含む練習問題を解いて、学んだことを定着させましょう。

練習問題1 下の絵を見て、(　　) 内に当てはまる名前を入れてください。

1 **El chico que está al lado de Marina es (　　　　).**

●chico/chica 男性 / 女性　●al lado de ～の横に

2 **La chica que habla con Daniel es (　　　　).**

3 **La chica que come una manzana es (　　　　).**　●manzana リンゴ

4 **El chico que bebe agua es (　　　　).**　●beber 飲む　●agua 水

5 **Los chicos que llevan gafas son (　　　　) y (　　　　)**

●llevar 身につける　●gafas メガネ

解答

練習問題1　**1** Diego　**2** Elena　**3** Marina　**4** Diego　**5** Marina, Daniel

【日本語訳】

1. Marinaの横にいる男性はDiegoです。
2. Danielと話している女性はElenaです。
3. リンゴを食べている女性はMarinaです。
4. 水を飲んでいる男性はDiegoです。
5. メガネをかけている人たちは、MarinaとDanielです。

Lección 4「弟は私より背が高い。」

比較表現

スペイン語の比較表現を見てみましょう。

ミ エルマノ メノール エス マス アルト ケ ジョ
Mi hermano menor es más alto que yo.

比較の表現

私の弟 は 私 より背が高い。

文法の解説

1 スペイン語の比較表現

- 「A は B より～だ」 ➡ A ＋動詞＋ más（マス） ＋形容詞／副詞＋ que（ケ） ＋ B
- 「A は B ほど～ではない」 ➡ A ＋動詞＋ menos（メノス） ＋形容詞／副詞＋ que（ケ） ＋ B
- 「A は B と同じくらい～だ」 ➡ A ＋動詞＋ tan（タン） ＋形容詞／副詞＋ como（コモ） ＋ B

形容詞

例 マリア エス マス グアパ ケ ジョ
María es más guapa que yo. マリアは私より美しい。
ソイ メノス グアパ ケ マリア
Soy menos guapa que María. 私はマリアほど美しくない。
イネス エス タン グアパ コモ マリア
Inés es tan guapa como María. イネスはマリアと同じくらい美しい。

形容詞は、A と性数を一致させます。

副詞

例 サラ アブラ マス ラピド ケ ナチョ
Sara habla más rápido que Nacho. サラはナチョより早口だ（速く話す）。
ナチョ アブラ メノス ラピド ケ サラ
Nacho habla menos rápido que Sara. ナチョはサラほど早口ではない。
ビクトリア アブラ タン ラピド コモ サラ
Victoria habla tan rápido como Sara. ビクトリアはサラと同じくらい早口だ。

2 不規則な比較級をもつ形容詞・副詞

●次のような、más（マス） や menos（メノス） を語彙（ごい）の意味の中に含み、1 語で比較級を表す形容詞や副詞もあります。

形容詞	副詞	比較級
grande（グランデ） 大きい	ー	mayor（マジョール）
pequeño（ペケーニョ） 小さい	ー	menor（メノール）
bueno（ブエノ） よい	bien（ビエン） よく	mejor（メホール）
malo（マロ） 悪い	mal（マル） 悪く	peor（ペオール）
mucho（ムチョ） 多くの	mucho（ムチョ） 多く	más（マス）
poco（ポコ） わずかな	poco（ポコ） 少し	menos（メノス）

＊ mayor（マジョール）, menor（メノール） は抽象的な大小（年齢の場合は上下）を表します。

＊具体的な物の大小を表すには、más（マス） grande（グランデ）, más（マス） pequeño（ペケーニョ） を用います。

使ってみよう

Saori： Esta es la foto de mi familia.
これ、私の家族の写真よ。

Carmen： A ver. ¿Son tus padres?
まあ。　（こちらは）あなたのご両親？

「どれどれ。見てみましょう」という意味。

Saori： Sí, mi padre tiene 51 años y mi madre es dos años menor que él.
ええ。父は51歳で、母は父より2歳年下なの。

Carmen： Y ¿quién es esta chica?
で、こちらの女性は誰？

menor, mayor の前に年齢を入れると、年の差を表現できます

Saori： Es mi hermana mayor, Mariko.
姉のマリコよ。
Es mucho más guapa que yo.
私よりずっと美人なの。

mucho は「ずっと」を表し、más guapa「より美しい」を強調しています。

Carmen： ¡Que va! Eres tan guapa como ella.
そんなことないわ。あなたも彼女と同じくらい美人よ。

Saori： Gracias, Carmen. Eres un ángel.
ありがとう、カルメン。あなたは天使みたい（に優しいわ）。

「とんでもないわ!」と、相手の言うことを否定するときに用います。

Eres un ángel.

ちょっとひと言！

あなたは天使みたい（に優しいわ）。

Eres un ángel. は直訳すると、「あなたは天使です」となりますが、「あなたは天使みたいに優しいわ」という意味で使います。

書いて覚えよう

この課で出てきた文法要素を含む例文を、音声を聞きながら、書いて覚えましょう。

ミ　エルマーノ　マジョール　エス　マス　ペケーニョ　ケ　ジョ
Mi hermano mayor es más pequeño que yo.
私の兄は私より小さい。

エル　ベイスボル　エス　タン　インテレサンテ　コモ　エル　フトボル
El béisbol es tan interesante como el fútbol.
野球はサッカーと同じくらい面白い。
●béisbol（ベイスボル）　野球　●fútbol（フトボル）　サッカー

ミス　ノタス　ソン　ペオーレス　ケ　ラス　トゥジャス
Mis notas son peores que las tuyas.
私の成績は君（の成績）より悪い。
●peor（ペオール） = malo（マロ）「悪い」の比較級

ミ　マドレ　セ　レバンタ　マス　テンプラノ　ケ　ジョ
Mi madre se levanta más temprano que yo.
母は私より早く起きる。
●temprano（テンプラノ）　早く

ホルへ　ティエネ　タントス　アミーゴス　コモ　マリオ
Jorge tiene tantos amigos como Mario.
ホルへにはマリオと同じくらいたくさん友人がいる。

練習してみよう

この課で出てきた文法要素を含む練習問題を解いて、学んだことを定着させましょう。

練習問題1

日本語に合うように、（　）内に適切な語を入れてください。

1 Raquel es (ラケル エス) (　　　　) alta (アルタ) (　　　　) Cristina (クリスティナ).
ラケルはクリスティナより背が高い。

2 Julia (フリア) es (エス) (　　　　) trabajadora (トラバハドラ) (　　　　) Mario (マリオ).
フリアはマリオと同じくらい働き者だ。

3 En (エン) esta (エスタ) ciudad (シウダ) la (ラ) gente (ヘンテ) vive (ビベ) (　　　　)(　　　　) en (エン) Tokio (トキオ).
この街は東京より（人が）住みやすい。

4 Me (メ) acuesto (アクエスト) (　　　　) tarde (タルデ) (　　　　) mi (ミ) madre (マドレ).
私は母より遅く床につく。

練習問題2

Juan (ファン) と Manolo (マノロ) について下の表を見て、正確な情報になるように（　）の中を埋めてください。

	Juan	Manolo
身長 (m)	1,80	1,80
体重 (kg)	75	80
年収 (Euros)	30.000	35.000
年間労働時間（horas）	400	500

1 (　　　) trabaja (トラバハ) más (マス) que (ケ) (　　　)　●trabajar (トラバハール) 働く

2 Juan (ファン) es (エス) (　　　) alto (アルト) (　　　) Manolo (マノロ).　●alto (アルト) 高い

3 (　　　) pesa (ペサ) más (マス) que (ケ) (　　　).　●pesar (ペサール) 重量がある

4 (　　　) gana (ガナ) menos (メノス) que (ケ) (　　　).　●ganar (ガナール) 稼ぐ

解答

練習問題1

1 más (マス)、que (ケ)　2 tan (タン)、como (コモ)　3 mejor (メホール)、que (ケ)　4 más (マス)、que (ケ)

練習問題2

1 Manolo (マノロ), Juan (ファン)　2 tan (タン), como (コモ)　3 Manolo (マノロ), Juan (ファン)　4 Juan (ファン), Manolo (マノロ)

Lección 5 「雨が降ります。」

天候の表現

天候は動詞の３人称単数で表現します。

エン ハポン ジュエベ ムチョ エン フニオ

En Japón llueve mucho en junio.

動詞 :llover　副詞

日本では ６月に たくさん 雨が降ります。

文法の解説

1 天候を表す動詞

● 天候を表す動詞には次のようなものがあります。

llover　雨が降る

例 **En Japón llueve mucho en junio.**　日本では６月に雨がたくさん降る。

nevar　雪が降る

例 **En Tokio no nieva mucho.**　東京では雪はそれほど降らない。

2 天候の表し方

● 天候を表すときには、動詞は常に３人称単数に活用します。

動詞（hacer の３人称単数）		天候を表す名詞
hace	＋	**calor**　暑さ **frío**　寒さ **viento**　風 **sol**　太陽、日差し **buen/mal tiempo**　よい／悪い天気

例 **Hace calor.**　暑い。

Hace mucho calor.　とても暑い。

Hace mucho sol.　とても日差しが強い。

Hace muy buen tiempo.　とても天気がよい。

calor, frío, viento, sol は名詞なので、強調する場合には mucho を , buen tiempo の場合、bueno は形容詞なので muy を使います。

使ってみよう

echar de menos …「～を懐かしく思う、～がないのを寂しく思う。」

Carmen： **¡Hola, Saori! ¿Qué tal?**
こんにちは、サオリ！ 元気？

¿Echas de menos Madrid?
マドリードが懐かしい？

Saori： **Sí, un poco. Santander es una ciudad muy bonita pero no me gusta el clima.**
ええ、少し。サンタンデールはとてもきれいな町だけど、気候が好きじゃないわ。

Carmen： **¿Qué tiempo hace hoy？**
今日はどんなお天気？

天気を訪ねるときの表現。¿Qué tiempo hace hoy？で「今日はどんな天気ですか?」となります。

Saori： **Ahora hace sol y calor.**
今は太陽が照っていて暑いわ。

Pero creo que por la tarde va a llover.
でも、午後は雨が降ると思うわ。

Carmen： **Hay mucha humedad, ¿no?**
湿気が多いでしょう？

Saori： **Sí, es horrible.**
ええ、ひどいの。

No soporto la humedad.
私、湿気に耐えられないの。

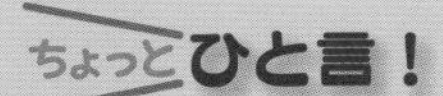

Hay mucha humedad, ¿no? 湿気が多いでしょう？

「～がある、いる」を表す hay を用いて天候を表すこともあります。

例 Hay chubascos.　にわか雨が降ります。

hacer を使うのか hay を使うのか迷うと思いますが、天気の表現が出てきたときにどちらを使っているのかに注目し、少しずつ覚えていきましょう。たとえば天気予報で「明日はくもりです。」という場合、Hay nubes「雲がある」という言い方をします。

DL 3_10

書いて覚えよう

この課で出てきた文法要素を含む例文を、音声を聞きながら、書いて覚えましょう。

ケ　ティエンポ　アセ　オイ
¿Qué tiempo hace hoy?
今日はどんなお天気ですか？

アセ　マル　ティエンポ　アセ　ビエント　イ　ムチョ　フリオ
Hace mal tiempo. Hace viento y mucho frío.
天気は悪いです。風が吹いて、とても寒いです。

アセ　ソル　イ　ムチョ　カロール
Hace sol y mucho calor.
日が照っていて、とても暑いです。

アキ　ニエバ　ムチョ　エン　インビエルノ
Aquí nieva mucho en invierno.
ここでは、冬に雪がたくさん降ります。

マニャナ　アイ　ヌベス
Mañana hay nubes.
明日は曇りです。

練習してみよう

この課で出てきた文法要素を含む練習問題を解いて、学んだことを定着させましょう。

練習問題1 日本語に合うように、下の語句を選んで適切な形の文にして＿＿＿部に入れてください。

1 En primavera ＿＿＿＿＿ muy ＿＿＿＿＿ ＿＿＿＿＿.
春はとてもよいお天気だ。

2 En verano ＿＿＿＿＿ mucho ＿＿＿＿＿.
夏はとても暑い。

3 En otoño ＿＿＿＿＿ mucho.
秋は雨がたくさん降る。

4 En invierno ＿＿＿＿＿ mucho.
冬は雪がたくさん降る。

● primavera 春
● verano 夏
● otoño 秋
● invierno 冬

p122の例文をヒントにしてください。

llover ／ nevar ／ hacer buen tiempo ／ hacer calor

練習問題2 内容が通るように、左と右の表現を結びつけてください。

＊一般的な状況を考えて、1対1で対応するように考えてみましょう。

1 Hay muchas nubes. •
2 Hace buen tiempo. •
3 Hoy hace mucho sol. •

• **a** Necesitamos ponernos el protector solar.
日焼け止めを塗らないと。

• **b** Vamos de excursión.
ハイキングに行こう。

• **c** Parece que va a llover.
雨が降りそうだ。

解答

練習問題1
1 hace, buen tiempo **2** hace, calor
3 llueve **4** nieva

練習問題2
1 c **2** b **3** a

【日本語訳】
1 雲がたくさんあります（曇っています）。
2 よい天気です。
3 今日はとても日差しが強いです。

Lección 6 「～しています。」

現在分詞と進行形

進行形の文を構成する現在分詞の作り方と使い方を覚えましょう。

アオラ　エストイ　ビエンド　ラ　テレビシオン　エン　カサ

Ahora estoy viendo la televisión en casa.

動詞 :ester ＋動詞 :ver の現在分詞　名詞

（私は）今、家で テレビ を見ています。

文法の解説

① 現在分詞の作り方

規則形 現在分詞の規則形は､語尾の -ar を -ando に , -er ／ –ir を -iendo にして作ります。

	語尾の変化	例
ar 動詞	-ar → -ando	hablar 話す → hablando
er 動詞	-er → -iendo	comer 食べる→ comiendo
ir 動詞	-ir → -iendo	vivir 生きる → viviendo

不規則形 語幹母音変化する ir 動詞：変化する語幹の o, e がそれぞれ u, i になります。

例 dormir 眠る ➡ durmiendo

pedir 頼む ➡ pidiendo

［母音＋ -ir/-er］ の動詞は、-iendo の i が y になります。

その他

例 ir 行く ➡ yendo　oir 聞く ➡ oyendo　leer 読む ➡ leyendo

② 現在分詞の使い方

進行形 ［estar の直説法現在＋現在分詞］ で、現在進行中の動作を強調します。

estar の直説法現在		現在分詞
estoy estás está estamos estáis están	＋	hablando 話す comiendo 食べる viviendo 生きる viendo 見る など

例 Estoy viendo la televisión.

私はテレビを見ているところです。

例 Maria está hablando por teléfono.

マリアは電話で話しています。

「～しながら」を表す 2つの動作が同時進行している場合の、副となる動作を表します。

例 Estudio oyendo música.　私は音楽を聞きながら勉強します。

使ってみよう

Diego：¡Hola, Saori! ¿Qué estás haciendo?
やあ、サオリ。何をしているの？

Saori：Estoy viendo la televisión.
テレビを見ているわ。
Como está lloviendo, no me apetece salir.
雨が降っているから、出かけたくないのよ。

[a lo mejor +直説法] で「おそらく～だろう」という意味。

Diego：Ah, pues, a lo mejor no te interesa pero Carmen y yo vamos al teatro esta noche y...
じゃあ、多分興味ないだろうけど、カルメンと僕は今夜劇を見に行くので…

Saori：¡Sí, voy con vosotros!
うん、私もあなたたちと一緒に行く！

Diego：Pero ¿quieres salir?
でも、出かけたいの？

Saori：Sí. La verdad, estoy un poco aburrida.
ええ。本当のところ、ちょっと退屈していたの。

「本当のところ」という表現。

進行形の表現いろいろ

ひとくちメモ

［動詞＋現在分詞］の形で、さまざまなニュアンスを表すことができます。

- seguir, continuar ＋現在分詞 ➡「～し続ける」（強調）
  例 Sigue lloviendo.　雨が降り続けている。
- ir「行く」＋現在分詞➡「～していく」
  例 La economía de este país va empeorando.　この国の経済は悪化していく。

書いて覚えよう

この課で出てきた文法要素を含む例文を、音声を聞きながら、書いて覚えましょう。

オイ エスタ ジョビエンド
Hoy está lloviendo.
今日は雨が降っています。

ミ マドレ エスタ アブランド ポル テレフォノ
Mi madre está hablando por teléfono.
母は電話で話しています。

ロス ニーニョス エスタン ドゥルミエンド
Los niños están durmiendo.
子ども達は眠っています。

ノ デベス コンドゥシール アブランド ポル エル モビル
No debes conducir hablando por el móvil.
携帯で話しながら運転してはいけない。

ミ パドレ デサジュナ レジェンド エル ペリオディコ
Mi padre desayuna leyendo el periódico.
父は新聞を読みながら朝食をとる。

● leyendo（レジェンド）（原形：leer（レエール））読む

練習してみよう

この課で出てきた文法要素を含む練習問題を解いて、学んだことを定着させましょう。

練習問題1 日本語に合うように、下の語句を適切な形にして（　　）内に入れてください。

1 **Aprendemos español (　　　　　) películas.**
私たちは映画を見ながらスペイン語を勉強しています。

2 **Mi madre cocina (　　　　　) la radio.** ●cocinar 料理する
母はラジオを聞きながら料理します。

3 **María trabaja (　　　　　) café.**
マリアはコーヒーを飲みながら仕事をします。

4 **Carlos pinta (　　　　　).** ●pintar 絵を描く
カルロスは歌いながら絵を描きます。

oír 聞く／ **ver** 見る ／ **tomar** 飲む ／ **cantar** 歌う

練習問題2 下から適切な語を選んで（　）内に入れ、文を完成させてください。
＊選択肢はすべて小文字にしてあります。

1 (　　　　　) **lloviendo.** 雨が降っています。

2 (　　　　　) **esperando el autobús.** 私たちはバスを待っています。 ●esperar 待つ

3 (　　　　　) **jugando al fútbol.** 彼らはサッカーをしています。 ●jugar プレーする

4 **¿Qué (　　　　　) haciendo?** 君たちは何をしているの？ ●hacer する、行う

está / estáis /estamos / están

解答

練習問題1

1 viendo **2** oyendo **3** tomando **4** cantando

練習問題2

1 Está **2** Estamos
3 Están **4** estáis

PARTE 3 スペイン語の応用表現

Lección 7

「一般的に人は〜」

無人称表現

「誰が」と行為者を特定しない言い方を無人称表現といいます。

クアント　ティエンポ　セ　タルダ　デスデ　アキ

¿Cuánto tiempo se tarda desde aquí?

疑問詞＋名詞　再帰代名詞 se ＋動詞（３人称単数）

ここから、どのくらいの時間が かかりますか？

文法の解説

① 再帰代名詞 se を用いた表現

無人称表現 常に［se ＋３人称単数の動詞］。

「誰でも〜」というニュアンスを含みます。

例 **¿Cuánto tiempo se tarda de Madrid a Toledo en autobús?**

マドリードからトレドまでバスでどのくらい時間がかかりますか？

ー Se tarda una hora más o menos.

だいたい１時間くらいかかります。

例 **En este restaurante se come bien.**

このレストランはおいしい。

受け身表現 主語は常に事物（３人称）。

主語は動詞の後ろに置かれることが多いです。

動詞は主語の数に合わせて活用します。

例 **Se alquila un dormitorio cómodo y limpio.** 快適で清潔な寝室貸します。

Se oyen ruidos en la calle. 通りで騒音が聞こえる。

② 動詞の３人称複数を用いた表現

- 動詞の３人称複数を用いて「誰かが〜している」という無人称表現を表すこともできます。
- 行為者を特定しない、もしくはできない場合に使うので、ellos「彼ら」、ellas「彼女ら」などの主語が現れることはありません。
- ３人称複数を用いますが、実際の行為者が１人の場合もあります。

例 **Llaman a la puerta.** 誰かがドアをノックしているよ。

Tocan el timbre. 誰かがベルを鳴らしているよ。

使ってみよう

Carmen: **Saori, ¿cómo es la ciudad donde viven tus padres?**
サオリ、あなたのご両親が住んでいる町はどんなところ？

donde は関係副詞で、「両親が住んでいる町」を指しています。

Saori: **Pues es grande y dinámica.**
そうね、大きくて、ダイナミックよ。
La visitan muchos turistas.
多くの旅行者が訪れているわ。
Se vive muy bien.
とても住みやすいのよ。

Carmen: **¿Está cerca de Tokio?**
東京の近くなの？

［不定冠詞複数+数字］で、「約～」を表しています。

Saori: **Sí. Se tarda unos 30 minutos en tren. Oye Carmen, tocan el timbre.**
ええ、電車で約 30 分よ。ねえ、カルメン、誰かがベルを鳴らしているわ。

動詞 oír の tú に対する命令の形で「聞いて」➡「ねえ」というニュアンスになります。tú に対する命令法の規則活用は、直説法現在3人称単数と同形です（▶ p150）。

COLUMNA　スペインの禁煙事情

私が留学していたころ、レストランやバルはもちろん、大学の校舎の廊下も休み時間にタバコを吸う学生であふれていました。しかし、2006 年、2011 年と禁煙法が施行され、屋内では喫煙が禁止されました。

そんなスペインから成田空港に到着したスペイン人喫煙者。「タバコが吸いたい!」と言うので喫煙所に案内し、バスのチケットを買って戻ると、すでに外に。「もう吸い終わったの?」と尋ねる私にひと言、「タバコ臭くて我慢できない!」。

DL 3_14

書いて覚えよう

この課で出てきた文法要素を含む例文を、音声を聞きながら、書いて覚えましょう。

コモ セ ディセ ブエノス ディアス エン ハポネス

¿Cómo se dice "buenos días" en japonés?

ブエノス ディアス

buenos días（こんにちは）は日本語で何と言いますか？

ポル ドンデ セ バ ア ラ エスタシオン

¿Por dónde se va a la estación?

駅にはどう行けばよいですか？（どこを通って行けますか？）

● va（原形：ir）行く（バ、イル）

アキ ノ セ プエデ フマール

Aquí no se puede fumar.

ここではタバコは吸えません。

● poder（ポデール）～できる
● fumar（フマール）タバコを吸う

ディセン ケ マニャナ バ ア ジョベール

Dicen que mañana va a llover.

明日は雨が降ると言われています。

● dicen（ディセン）(原形：decir（デシール）) 言う

エン エステ レスタウランテ セ コメ ビエン

En este restaurante se come bien.

このレストランはおいしい。

● come（コメ）(原形：comer（コメール）) 食べる

練習してみよう

この課で出てきた文法要素を含む練習問題を解いて、学んだことを定着させましょう。

練習問題1

（　　　）内に入る適切な語を、①～④から1つ選びましょう。

1 En el comedor de la facultad (　　　　) bien.

学食は（誰が食べても）おいしい。

① se come　② os coméis　③ se comen　④ como

2 (　　　　) que hace buen tiempo mañana.

明日はよい天気になると言われています。

① Digo　② Se dicen　③ Dicen　④ Decimos

3 Aquí no (　　　　) fumar.　ここではタバコは吸えません。

① se puede　② se pueden　③ puedo　④ poder

練習問題2

次の文章を和訳してください。

1 Dicen que mañana va a nevar.

● nevar　雪が降る

＿＿＿＿＿＿＿＿＿＿＿＿＿＿＿＿＿＿＿＿

2 ¿Cómo se dice “sayonara” en español?

● dice(原形：decir) 言う

＿＿＿＿＿＿＿＿＿＿＿＿＿＿＿＿＿＿＿＿

3 ¿Se come bien en este restaurante?

● come(原形：comer) 食べる

＿＿＿＿＿＿＿＿＿＿＿＿＿＿＿＿＿＿＿＿

解答

練習問題1

1 ①　2 ③　3 ①

練習問題2

1 明日は雪が降ると言われています。

2「さよなら」はスペイン語でどう言いますか？

3 このレストランはおいしいですか？

Lección 8 「誰も～ない。」

不定語と否定語

「誰か / 誰も～ない」、「何か / 何も～ない」などの対立を表すのが不定語と否定語です。

アイ　アルギエン　エン　エル　アウラ
¿Hay alguien en el aula?
動詞：hay　不定語

誰か 教室に いるの？

ノ　ノ　アイ　ナディエ
– No, no hay nadie.
否定語　動詞：hay　否定語

いいえ、誰もいないよ。

文法の解説

① 不定語と否定語

●不定語は、「不定である（はっきりと決まっていない）ことや物、人」を、否定語は「何も～ない、誰も～ない」などの否定を表します。

例 **Alguien habla por teléfono.** ← alguien「誰か」＝不定語
誰かが電話で話している。（代名詞）

例 **No conozco a nadie.** ← nadie「誰も～ない」＝否定語
私は誰も知らない。（代名詞）

例 **¿Quieres algo más?** ← algo「何か」＝不定語
何かほかに必要ですか？（代名詞）

- Nada más, gracias. ← nada「何も～ない」＝否定語
- いいえ、以上です。ありがとう。（代名詞）

例 **¿Algunos de vosotros me decís la verdad?** ← alguno「何らかの」＝不定語
君たちのうちの誰かが僕に事実を話してくれるの？（代名詞・形容詞）

Ninguna de ellas viene a la fiesta. ← ninguno「何も～ない」＝否定語
彼女たちのうち、1人もパーティに来ない。（代名詞・形容詞）

＊代名詞は、名詞の代わりなのでほかの名詞をとらない。

② 位置関係に注意が必要！

●否定語が動詞の後ろにくるときには、動詞の前に否定の no が必要になります。

例 **Nadie lo sabe. ➡ No lo sabe nadie.**　誰もそれを知らない。

使ってみよう

poner は「置く」ですが、いろいろな場面で用いられます。この場合は、「私に～をください」という意味。バルなどでもよく耳にする表現です。

Saori： **¿Me pones un kilo de patatas y medio kilo de champiñones?**
ジャガイモ1キロとマッシュルームを半キロください。

Dependiente： **De acuerdo. ¿Algo más?**
わかりました。　ほかに何か？

Saori： **Pues, cinco tomates y tres cebollas, por favor.**
ええと、トマト5つと玉ねぎ3つお願いします。

Dependiente： **Aquí tienes.**
どうぞ。

¿Alguna cosita más?
ほかには？

Saori： **Nada más, gracias.**
結構です。ありがとう。

¿Cuánto es en total?
全部でいくらですか？

Dependiente： **Son 6. 25 euros, guapa.**
6.25 ユーロですよ、お嬢さん。

Son 6. 25 euros, guapa.

6.25 ユーロですよ、お嬢さん。

guapa は本来、「美しい、美女」という意味ですが、女性に対する呼びかけにもよく使われます。男性に対しては、男性形の **guapo** を使います。

友達同士では、「ねえ、きみ」といったニュアンスで、男性には **tío**、女性には **tía** を、恋人同士では **cariño**「愛しい人」、**mi amor**「私の恋人」などがよく使わています。

書いて覚えよう

この課で出てきた文法要素を含む例文を、音声を聞きながら、書いて覚えましょう。

アイ　アルギエン　エン　カサ　ノ　ノ　アイ　ナディエ
¿Hay alguien en casa? – No, no hay nadie.
家に誰かいるの？ ― いいえ、誰もいません。

キエレス　コメール　アルゴ　ノ　ノ　キエロ　コメール　ナダ
¿Quieres comer algo? – No, no quiero comer nada.
何か食べたい？ ― ううん、何も食べたくない。

ティエネス　アルグナ　アミーガ　エスパニョーラ
¿Tienes alguna amiga española?
スペイン人の女友達はいる？

●amiga（アミーガ）　女友達

ノ　アイ　ナダ　エン　ラ　ネベラ
No hay nada en la nevera.
冷蔵庫には何もありません。

●nevera（ネベラ）　冷蔵庫

アルグン　ディア　ボイ　ア　ビアハール　ポル　エスパニャ
Algún día voy a viajar por España.
いつかスペインを旅行するつもりだ。

●algún día（アルグン ディア）　いつの日か

練習してみよう

この課で出てきた文法要素を含む練習問題を解いて、学んだことを定着させましょう。

練習問題1 日本語に合うように（　　）内に適語を入れて、文を完成させましょう。

1 **¿Me das (　　　　) que comer?** 何か食べるものをくれる？

2 **No tengo (　　　　) que decirte.** 君に言うことは何もないよ。

3 **Hay (　　　　) en la puerta.** 誰かが玄関にいる。

4 **(　　　　) de las chicas quiere comer carne.**
女の子たちは誰もお肉を食べたがらない。

5 **¿Tenéis (　　　　) pregunta? – No, no tenemos (　　　　).**
何か質問は？ 一何もありません。

練習問題2 下の①、②から正しいほうの文を選んでください。

1 冷蔵庫には何もない。
① **No hay algo en la nevera.**　② **No hay nada en la nevera.**

2 誰も私のことを愛していない。
① **Me quiere nadie.**　② **No me quiere nadie.**

3 私は何も飲みたくありません。
① **No quiero beber nada.**　② **Quiero beber nada.**

4 いつの日か僕は大統領になる。
① **Algún día voy a ser presidente.**
② **Alguno día voy a ser presidente.**

●presidente　大統領 男単

解答

練習問題1

1 algo　**2** nada　**3** alguien　**4** Ninguna
5 alguna, ninguna（＊ algo, nada は代名詞なので適切ではない）

練習問題2

1 ②　**2** ②　**3** ①　**4** ①

PARTE 3 スペイン語の応用表現

「～したことがある？」

過去分詞と現在完了

［haber（アベール）の直説法現在＋過去分詞］の形で「～したことがある」を表します。

¿Has estado alguna vez en España?
（アス エスタード アルグナ ベス エン エスパニャ）

現在完了形

（これまでに）スペインに 行ったことがある？

文法の解説 ① 過去分詞の活用と使い方

規則形 規則形は、原形の語尾を次のように変えます。

	語尾の変化	例
ar 動詞	-ar → -ado	hablar（アブラール） 話す → hablado（アブラド）
er 動詞	-er → -ido	comer（コメール） 食べる → comido（コミド）
ir 動詞	-ir → -ido	vivir（ビビール） 生きる → vivido（ビビド）

不規則形 不規則形のおもな動詞には次のようなものがあります。

abrir（アブリール） 開く → abierto（アビエルト）	decir（デシール） 言う → dicho（ディチョ）	escribir（エスクリビール） 書く → escrito（エスクリト）
hacer（アセール） する、作る → hecho（エチョ）	freír（フレイール） 揚げる → frito（フリト）	poner（ポネール） 置く → puesto（プエスト）
romper（ロンペール） 壊す → roto（ロト）	volver（ボルベール） 戻る → vuelto（ブエルト）	

＊これらは、名詞を修飾（過去分詞は名詞に合わせて性数変化）して形容詞のはたらきをします。

例 huevo frito（ウェボ フリト） フライドエッグ ／ patatas fritas（パタタス フリタス） フライドポテト

例 La ventana está abierta.（ラ ベンタナ エスタ アビエルタ） 窓が開いている。

② 現在完了の使い方

● ［haber（アベール）の直説法現在＋過去分詞］の形で、現在と関係のある時間内に起こった過去の出来事や、経験を表します。

主語	haber（アベール）の直説法現在		過去分詞
yo（ジョ）	he（エ）	＋	hablado（アブラド） 話す
tú（トゥ）	has（アス）		comido（コミド） 食べる
usted, él/ella（ウステ エル エジャ）	ha（ア）		abierto（アビエルト） 開く
nosotros/nosotras（ノソトロス ノソトラス）	hemos（エモス）		probado（プロバド） 試す など
vosotros/vosotras（ボソトロス ボソトラス）	habéis（アベイス）		
ustedes,ellos/ellas（ウステデス エジョス エジャス）	han（アン）		

例 ¿Has probado la paella?（アス プロバド ラ パエージャ）
パエリアを食べたことがある？

例 Hoy me he levantado tarde.（オイ メ エ レバンタド タルデ）
今日、私は遅く起きた。

使ってみよう

Diego : Saori, ¿has estado alguna vez en Segovia?
サオリ、セゴビアに行ったことがある？

Saori : Sí, he estado una vez.
ええ、一度行ったことがあるわ。

「試す」の意味。洋服を試着する場合には probarse と再帰動詞を使います。

Diego : Entonces, ¿has probado ya el cochinillo asado?
子ブタの丸焼きは食べたことある？

asado は動詞 asar「(直火、オーブンで) 焼く」の過去分詞。
cochinillo「(離乳していない) 子ブタ」を修飾。

Saori : No, no lo he probado.
いいえ、食べていないわ。
He visto una foto del plato y me da mucha pena comerlo.
お料理の写真を見たことがあるのだけど、食べるのがかわいそうで。

[dar pena +不定詞] で「～することを悲しく思う」の意味。

Diego : Pero Saori, se sirve un trozo.
でも、サオリ、カットされたものを出されるんだよ。

Saori : Ah... Pues, quiero probarlo.
ああ、それなら食べてみたいわ。

COLUMNA　セゴビアで有名なのもの

セゴビアはマドリードからおよそ 90 キロ北西にある街です。その旧市街とローマ時代の水道橋はユネスコの世界遺産に登録されています。そこから 11 キロ離れたレアル・シティオ・デ・サン・イルデフォンソには、バロック様式の美しい La Granja「ラ・グランハ宮殿」もあります。

また、セゴビアといえば子ブタの丸焼きが有名です。マドリードにもヘミングウェイが足繁く通ったと言われるレストランがありますが、セゴビアに行ったらぜひご賞味くださいね。

書いて覚えよう

この課で出てきた文法要素を含む例文を、音声を聞きながら、書いて覚えましょう。

ラ　ティエンダ　エスタ　セラーダ
La tienda está cerrada.
その店は閉まっている。

●cerrar（セラール）　閉める

エスタ　メサ　エスタ　オクパーダ
Esta mesa está ocupada.
このテーブルはふさがっています（使用中です）。

●ocupar（オクパール）　ふさがる

アス　エスタド　アルグナ　ベス　エン　ハポン
¿Has estado alguna vez en Japón?
日本に行ったことがある？

●estar（エスタール）　～する
●alguna vez（アルグナ ベス）　かつて

ノ　ノ　エ　エスタド　ヌンカ　エン　ハポン
No, no he estado nunca en Japón.
ううん、一度も日本に行ったことがないよ。

オイ　エ　レシビード　ウナ　カルタ　エスクリタ　エン　エスパニョール
Hoy he recibido una carta escrita en español.
今日、私はスペイン語で書かれた手紙を受け取った。

●recibir（レシビール）　受け取る

練習してみよう

この課で出てきた文法要素を含む練習問題を解いて、学んだことを定着させましょう。

練習問題1

[　　] 内の動詞を適切な過去分詞の形にして、(　　　) 内に入れてください。

1 ¿Has (　　　　) alguna vez en España?　[estar ～いる]
スペインに行ったことがある?

2 La tienda está (　　　　).　[cerrar 閉める]
店は閉まっている。

3 La ventana está (　　　　).　[abrir 開く]
窓が開いています。

4 Quiero unas patatas (　　　　).　[freír 揚げる]
私はフライドポテトがほしい。

練習問題2

[　　] 内の動詞を適切な現在完了の形にして、(　　　) 内に入れてください。

1 (　　　　)(　　　　) tres veces en México.　[estar]
私はメキシコに3回行ったことがある。

2 ¿(　　　　)(　　　　) la paella valenciana?　[probar]
君たちはバレンシア風パエリアを食べたことある?

3 Esta mañana me(　　　　)(　　　　) muy temprano.　[levantar(se)]
今朝、私はとても早く起きた。

4 Ya (　　　　)(　　　　) con mi jefe.　[hablar]
もう私は上司と話した。

解答

練習問題1

1 estado　**2** cerrada　**3** abierta　**4** fritas

練習問題2

1 He estado　**2** Habéis probado　**3** he levantado　**4** he hablado

Lección 10

「～しました。」

直説法点過去

過去の出来事を現在と切り離して表現する点過去の使い方を学びましょう。

セネ　エン　カサ　デ　ミス　パドレス　アノーチェ

Cené en casa de mis padres anoche.

動詞 cenar（セナール）の点過去

昨夜、両親の家で 夕食をとりました。

文法の解説

1 点過去の使い方

● 点過去は、過去に起こったことや行ったことを、すでに終わったこととして現在と切り離して表します。

例 **Anoche no cené.**（アノーチェ ノ セネ）　昨日、私は夕食をとらなかった。

例 **Vivimos cinco años en Chile.**（ビビモス シンコ アニョス エン チレ）　私たちは５年間チリに住んでいた。

2 点過去の活用

● 点過去の動詞は、語尾が次のように規則活用します。

主語	-ar 動詞	-er 動詞　-ir 動詞
yo（ジョ）	-é	-í
tú（トゥ）	-aste	-iste
usted, él/ella（ウステ、エル、エジャ）	-ó	-ió
nosotros/nosotras（ノソトロス、ノソトラス）	-amos	-imos
vosotros/vosotras（ボソトロス、ボソトラス）	-asteis	-isteis
ustedes, ellos/ellas（ウステデス、エジョス、エジャス）	-aron	-ieron

規則変化する動詞の他に、表記法の規則で書き方が変わる動詞や、語幹の母音が変化する動詞などもあります。p144 も参照してください。

例

主語	ar 動詞 hablar（アブラール） 話す	er 動詞 comer（コメール） 食べる	ir 動詞 vivir（ビビール） 生きる
yo（ジョ） 私は	hablé（アブレ）	comí（コミ）	viví（ビビ）
tú（トゥ） 君は	hablaste（アブラステ）	comiste（コミステ）	viviste（ビビステ）
usted, él/ella（ウステ、エル、エジャ） あなたは、彼／彼女は	habló（アブロ）	comió（コミオ）	vivió（ビビオ）
nosotros/nosotras（ノソトロス、ノソトラス） 私たちは	hablamos（アブラモス）	comimos（コミモス）	vivimos（ビビモス）
vosotros/vosotras（ボソトロス、ボソトラス） 君たちは	hablasteis（アブラステイス）	comisteis（コミステイス）	vivisteis（ビビステイス）
ustedes, ellos/ellas（ウステデス、エジョス、エジャス） あなたたちは、彼／彼女らは	hablaron（アブラロン）	comieron（コミエロン）	vivieron（ビビエロン）

使ってみよう

Carmen： Te llamé anoche pero no me contestaste.
昨夜、あなたに電話したのだけど、出なかったわね。

動詞 estar の直説法点過去1人称単数（不規則）です。

Saori： ¿De verdad? Anoche estuve en la discoteca con mis compañeras de piso y no me di cuenta de tu llamada. Lo siento.
本当？ 昨夜はアパートの同居人たちとクラブにいて、あなたの電話に気づかなかったわ。ごめんなさい。

darse cuenta de... で「〜について気づく」。
di は動詞 dar「与える」の直説法点過去1人称単数（不規則）です。

Carmen： No pasa nada.
気にしないで（なんでもないわ）。
¿Lo pasaste bien?
楽しかった？

pasarlo/pasárselo bien で「楽しく過ごす」です。

原形は、aburrirse で「退屈する」です。

Saori： Bueno... la verdad, me aburrí un poco.
まあ…。本当のことを言うと、ちょっと飽きちゃった。

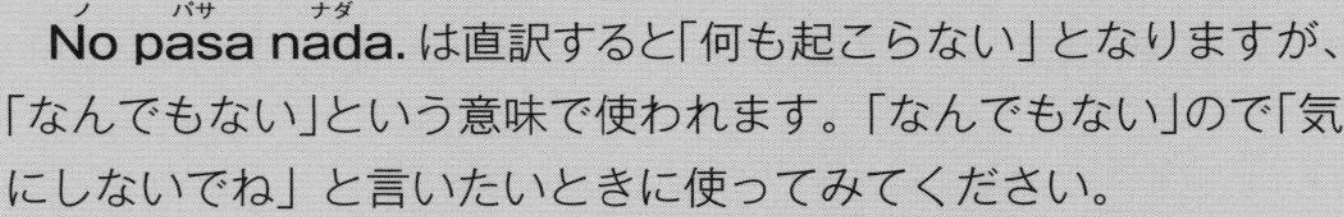

No pasa nada. は直訳すると「何も起こらない」となりますが、「なんでもない」という意味で使われます。「なんでもない」ので「気にしないでね」と言いたいときに使ってみてください。

DL 3_20

書いて覚えよう

この課で出てきた文法要素を含む例文を、音声を聞きながら、書いて覚えましょう。

ポル　フィン　エスクリビ　エル　インフォルメ
Por fin escribí el informe.
私はやっとレポートを書いた。

●escribir（エスクリビール）　書く

ミス　パドレス　ビアハロン　ポル　エスパニャ　エル　アニョ　パサド
Mis padres viajaron por España el año pasado.
両親は昨年、スペインを旅行した。

●viajar（ビアハール）　旅行する

レジョ　ウステ　エル　ペリオディコ　デ　アジェール
¿Leyó usted el periódico de ayer?
あなたは昨日の新聞を読みましたか？

●leer（レエール）　読む
●periódico（ペリオディコ）　新聞

Point

●点過去には不規則活用の動詞が多くあります。重要なものを見ておきましょう。

主語	dar（ダール） 与える	ver（ベール） 見る	ser（セール） ～である／ir（イル） 行く	decir（デシール） 言う	estar（エスタール） ある・いる
yo（ジョ）	di（ディ）	vi（ビ）	fui（フイ）	dije（ディヘ）	estuve（エストゥーベ）
tú（トゥ）	diste（ディステ）	viste（ビステ）	fuiste（フイステ）	dijiste（ディヒステ）	estuviste（エストゥビステ）
usted, él/ella（ウステ、エル、エジャ）	dio（ディオ）	vio（ビオ）	fue（フエ）	dijo（ディホ）	estuvo（エストゥーボ）
nosotros/nosotras（ノソトロス、ノソトラス）	dimos（ディーモス）	vimos（ビーモス）	fuimos（フイーモス）	dijimos（ディヒーモス）	estuvimos（エストゥビーモス）
vosotros/vosotras（ボソトロス、ボソトラス）	disteis（ディステイス）	visteis（ビステイス）	fuisteis（フイステイス）	dijisteis（ディヒステイス）	estuvisteis（エストゥビステイス）
ustedes, ellos/ellas（ウステデス、エジョス、エジャス）	dieron（ディエロン）	vieron（ビエロン）	fueron（フエロン）	dijeron（ディヘロン）	estuvieron（エストゥビエロン）

練習してみよう

この課で出てきた文法要素を含む練習問題を解いて、学んだことを定着させましょう。

練習問題1

（　　　）内に右の動詞を、点過去にして入れてください。

1 (　　　　) diez años en México. [vivir（ir 型）住む]

私は 10 年メキシコに住んでいました。

2 Anoche mi hermano no (　　　　) en casa. [cenar（ar 型）食事をとる]

昨夜、兄は家で夕食をとらなかった。

3 Ayer (　　　　) el informe. [leer（er 型）読む]

昨日、私は報告書を読みました。

4 Anoche (　　　　) en la discoteca con mis amigas. [estar（不規則型）いる]

昨夜、私は女友達とクラブにいました。

練習問題2

（　　　）内に下の動詞を点過去にして入れ、会話文を完成させましょう。

1 ¿A qué hora (　　　　) la película? 映画は何時に始まったの？

- Comenzó a las seis y diez. 6時 10 分に始まったわ。

[comenzar（ar 型）始まる]

2 ¿ (　　　　) la llave del coche? 車のキーは見つかった？

- No, no la encontré. ううん、見つからなかった。

[encontrar（ar 型）見つける]

3 ¿Qué compraste ayer? 昨日は何を買ったの？

- (　　　　) un regalo de cumpleaños para mi madre.

母への誕生日プレゼントを買ったの。

[comprer（ar 型）買う]

解答

練習問題1

1 viví　2 cenó　3 leí　4 estuve

練習問題2

1 comenzó　2 Encontraste　3 Compré

Lección 11 「〜していました。」

直説法線過去

線過去は、過去に継続的に続いていた行為や出来事などを表します。

クアンド　エラ　ニーニャ　ビビア　エン　セビージャ

Cuando era niña, vivía en Sevilla.

動詞：ser の線過去　動詞：vivir の線過去

（私は）子どものころ、セビージャに住んでいました。

文法の解説　1 線過去の使い方

● 点過去が過去に起こったことが「点」として終わっているのに対し、線過去は過去に「線」のように続いていたことを表します。

● 線過去は過去のある時点で、継続的に続いていた行為や状態、習慣やくり返し起こった出来事などについて述べるときに用います。

例 **Cuando era niño, jugaba al fútbol todos los sábados con mis amigos.**

僕が子どもだったころ、毎週土曜日は友達とサッカーをしていました。

2 線過去の活用

● 線過去は、動詞の語尾が次のように規則活用します。

主語	ar 動詞	er 動詞 ir 動詞
yo	-aba	-ía
tú	-abas	-ías
usted, él/ella	-aba	-ía
nosotros/nosotras	-ábamos	-íamos
vosotros/vosotras	-abais	-íais
ustedes, ellos/ellas	-aban	-ían

Cuando era は「〜だったとき」、De pequeño/pequeña は「子どものころ」の意味です。

● 次の 3 つの動詞のみが不規則活用します。

主語	ir 行く	ser 〜です	ver 見る
yo 私は	iba	era	veía
tú 君は	ibas	eras	veías
usted, él/ella あなたは、彼 / 彼女は	iba	era	veía
nosotros/nosotras 私たちは	íbamos	éramos	veíamos
vosotros/vosotras 君たちは	ibais	erais	veíais
ustedes, ellos/ellas あなたたちは、彼 / 彼女らは	iban	eran	veían

使ってみよう

Saori： Carmen, ¿dónde vivías cuando eras pequeña?
カルメン、小さいころ、どこに住んでいたの？

Carmen： Vivía en Sevilla.
セビージャに住んでいたわ。

Saori： Es una ciudad preciosa.
とても素敵な町ね。
¿Bailas sevillanas?
セビジャーナスを踊るの？

sevillanasは、アンダルシア地方の伝統的な歌や踊りのことです。

Carmen： Claro. Cuando era pequeña, cada lunes iba a la academia de baile para aprenderlas.
もちろん。小さいときは、毎週月曜日に練習しに舞踊学校に行っていたわ。

Saori： Quiero aprender a bailarlas.
踊り方を習いたいな。
¿Me las enseñas?
私に教えてくれる？

線過去と点過去の違い

ひとくちメモ

同じ過去の行為を、線過去と点過去で表す場合の違いを見てみましょう。

●線過去：出来事の継続的な側面に焦点を当てる。

例 Cuando salía de casa, sonó mi móvil.　家を出ようとしたら、携帯が鳴った。

●点過去：出来事を過去の終わったこととして表す。

例 Cuando salí de casa, sonó el teléfono.　家を出たら、携帯が鳴った。

書いて覚えよう

この課で出てきた文法要素を含む例文を、音声を聞きながら、書いて覚えましょう。

クアンド　エラ　ペケーニョ　ミ　アブエラ　メ　クイダーバ
Cuando era pequeño, mi abuela me cuidaba.
子どものころ、祖母は私の世話をしてくれました。
● cuidar（クイダール） 世話をする

デ　ペケーニョ　メ　グスタバ　フガール　コン　ミス　アミーゴス
De pequeño, me gustaba jugar con mis amigos.
子どものころ、私は友人たちと遊ぶのが好きでした。
● de pequeño（デ ペケーニョ） 子どものころ

クアンド　ベイア　ラ　テレビシオン　オクリオ　ウン　テレモト
Cuando veía la televisión, ocurrió un terremoto.
テレビを見ていたら、地震がありました。
● terremoto（テレモト） 地震　● ocurrir（オクリール） 起こる

ドンデ　ビビアス　クアンド　エラス　ペケーニョ
¿Dónde vivías cuando eras pequeño?
子どものころどこに住んでいたの？
● vivir（ビビール） 住む

エントンセス　ノ　テニア　モビル
Entonces no tenía móvil.
当時私は携帯（電話）を持っていませんでした。
● tener（テネール） 持つ

練習してみよう

この課で出てきた文法要素を含む練習問題を解いて、学んだことを定着させましょう。

練習問題1 [　　] 内の動詞を線過去にして、(　　　) 内に入れてください。

1 **Cuando llegué a Madrid, mi novio me (　　　　) en el aeropuerto.**
マドリードに着いたとき、彼が空港で私を待っていました。　[esperar (ar 型) 待つ]

2 **Entonces no (　　　　) ordenadores.**　[haber (er 型) ある]
当時、パソコンはありませんでした。

3 **Cuando (　　　　) universitarios, (　　　　) trabajos a mano.**
[ser (不規則型) ～である、escribir (ir 型) 書く]
私たちが大学生だったころ、レポートは手書きしていました。

4 **En esa época (　　　　) en Toledo.**　[vivir (ir 型) 住む]
当時、私たちはトレドに住んでいました。

練習問題2 下の文の下線部に注意して、日本語訳として適切なものを、a、b から1つ選びましょう。

1 **<u>Tuve</u> que hablar con mi jefe.**　●tener que～ ～しなければならない
a. 私は上司と話さなければならなかった（実際に話した）。
b. 私は上司と話さなければならなかった（実際に話したかはわからない）。

2 **<u>Subía</u> la escalera, encontré a la profesora de inglés.**
a. 階段を上っている途中で、英語の先生に会った。
b. 階段を上りきったら、英語の先生に会った。

3 **Cuando <u>llegaba</u> a casa, recibí un SMS de Mario.**　●recibir 受け取る
a. 家に着いて、マリオからの SMS を受け取った。
b. 家に帰る途中で、マリオからの SMS を受け取った。

tuve は tener que「～しなければならない」の tener の点過去、subía は subir「上る」、llegaba は llegar「着く」の線過去です。

解答

練習問題1
1 esperaba　2 había　3 éramos, escribíamos　4 vivíamos

練習問題2
1 a　2 a　3 b

Lección 12「ゆっくり話して。」

命令法

「〜して。」という命令形の作り方、使い方を見てみましょう。

アブラ　マス　デスパシオ　ポル　ファボール
Habla más despacio, por favor.

動詞：hablar（アブラール）の命令形　比較級

もっとゆっくり　話して　くれますか。

文法の解説

1 tú（トゥ） と vosotros（ボソトロス） に対する命令には固有の形（命令法）がある。

規則形　tú（トゥ）（君）に対する命令は、語尾が下表のように変化します。
vosotros（ボソトロス）（君たち）に対する命令は規則形のみです。

動詞	原型	tú（君）への命令		vosotros（君たち）への命令	
ar 動詞	hablar（アブラール） 話す	-ar → -a	habla（アブラ）	-ar → -ad	hablad（アブラ）
er 動詞	comer（コメール） 食べる	-er → -e	come（コメ）	-er → -ed	comed（コメ）
ir 動詞	escribir（エスクリビール） 書く	-ir → -e	escribe（エスクリベ）	-ir → -id	escribid（エスクリビ）

例 **Come más.**（コメ マス）　君、もっと食べなさい。
Hablad más despacio.（アブラ マス デスパシオ）　君たち、もっとゆっくり話しなさい。

不規則形　tú（トゥ）（君）に対する命令では、不規則に変化する動詞もあります。

原型	decir（デシール） 言う	hacer（アセール） 〜する、作る	ir（イル） 行く	poner（ポネール） 置く	salir（サリル） 出かける、出る	ser（セール） 〜である	tener（テネール） 持つ	venir（ベニール） 来る
命令	di（ディ）	haz（アス）	ve（ベ）	pon（ポン）	sal（サル）	sé（セ）	ten（テン）	ven（ベン）

例 **Ven aquí.**（ベン アキ）　こちらに来なさい。　**Ten cuidad.**（テン クイダード）　気をつけて。

2 命令文での目的格人称代名詞と再帰代名詞の位置

● 命令の場合、目的格人称代名詞（▶ p88）は必ず動詞の後ろにつけて一語として表します。

例 **Dime**（ディメ）（di（ディ） 動詞 ＋ me（メ） 目的格人称代名詞）**la verdad.**（ラ ベルダ）　君、私に本当のことを言いなさい。
Dame（ダメ）（da（ダ） 動詞 ＋ me（メ） 目的格人称代名詞）**la cámara**（ラ カマラ）　私にカメラをちょうだい。

＊ la cámara（ラ カマラ） が代名詞になった場合：間接目的格人称代名詞＋直接目的格人称代名詞の語順になる。
Dámela（ダメラ）.　私にそれをちょうだい。（動詞にアクセント記号がつく）

● 再帰代名詞（▶ p110）も必ず動詞の後ろにつけて一語として表します。

例 **Levántate.**（レバンタテ） ⇐ (**levanta**（レバンタ） 動詞 ＋ te（テ） 再帰代名詞）　君、起きなさい。
Levantaos.（レバンタオス） ⇐ (**levantad**（レバンタ） 動詞 ＋ os（オス） 再帰代名詞）　君たち、起きなさい。

＊ vosotros に対する命令の場合、d を取り払ってから os を付けます。

使ってみよう

Carmen： **Saori, es mi primo Paco.**
サオリ、私のいとこのパコよ。

Paco, es mi amiga japonesa Saori.
パコ、私の日本人の友達のサオリよ。

[tener ganas de ＋不定詞] で「～したいと思う」。

Saori： **Encantada, Paco.**
はじめまして、パコ。

Paco： **Mucho gusto, Saori. Tenía muchas ganas de conocerte porque Carmen siempre me habla de ti y ...**
はじめまして、サオリ。カルメンがいつも君のことを話していたので、とても会いたかったんだよ。それに…

Saori： **Perdón, Paco.**
ごめんなさい、パコ。

No te entiendo bien.
あなたの言っていることがよくわからないの。

Habla más despacio, por favor.
もっとゆっくり話してもらえますか？

Carmen： **Jaja. Paco tiene un acento andaluz muy marcado.**
あはは。パコはかなりくせの強いアンダルシアなまりだから。

Paco, habla como un madrileño.
パコ、マドリードの人のように話して。

COLUMNA　スペイン語にもなまりはある。

私が友人での紹介でアンダルシア出身の女性の部屋に間借りをしたときのこと。彼女が電話で Tu amiga...「あなたの友達」と言っていたので通話の相手は私の友人であるとわかり、後で「私のこと覚えていなかったの?」と聞いてみると「アンダルシアなまりで君の名前を言うから、だれのことかさっぱりわからなかったんだよ」とのこと。

アンダルシア方言は、カスティーリャ語のバリエーションですが、発音に特徴があり、早口で話す人が多いので、スペイン人同士でも理解できないことがあるようです。

DL 3_24

書いて覚えよう

この課で出てきた文法要素を含む例文を、音声を聞きながら、書いて覚えましょう。

ダメ　トゥ　ノンブレ
Dame tu nombre.
君の名前を私に教えてください。

● dar（ダール）「与える」＋me（メ）「私に」→ dame（ダメ）

エスペラ
Espera.
待って。

● esperar（エスペラール）　待つ

アブラ　マス　デスパシオ
Hablad más despacio.
君たち、もっとゆっくり話しなさい。

ベン　アキ
Ven aquí.
君、ここに来なさい。

● venir（ベニール）　来る

サリ　デ　アキ　アオラ　ミスモ
Salid de aquí ahora mismo.
君たち、今すぐここから出て行きなさい。

● salid（サリ）は salir（サリル）「出る」の vosotros（ボソトロス）に対する命令形

練習してみよう

この課で出てきた文法要素を含む練習問題を解いて、学んだことを定着させましょう。

練習問題1

tú（君）に対する命令か vosotros（君たち）に対する命令かを明らかにして和訳してください。

1 **Cuidaos.**（規則形）
原形：cuidarse「気をつける」 ____________________

2 **Dime la verdad.**
原形：decir「言う」 ____________________

3 **Comed más.**
原形：comer「食べる」 ____________________

4 **Lávate las manos.**
原形：lavarse「洗う」 ____________________

練習問題２

日本語に合うように、下の語句から適切な表現を選び、命令形にして文を完成させてください。

1 （　　　　　）**conmigo.**

君たち、私と一緒に来なさい。

2 （　　　　　）**a la derecha.**

君、右に曲がりなさい。

3 （　　　　　）**todo recto por esta calle.**

君たち、この道をまっすぐ行きなさい。

4 （　　　　　）**la mesa.**

君、食卓の準備をしなさい。

venir「来る」／ ir「行く」／ poner「置く」／ girar「曲がる」

解答

練習問題1

1 君たち、気をつけなさい。　**2** 君、私に本当のことを言いなさい。
3 君たち、もっと食べなさい。　**4** 君、手を洗いなさい。

練習問題２

1 Venid　**2** Gira　**3** Id（▶ p150 ir の vosotoros への命令を参照）　**4** Pon

日にちや時間を表す単語

日にちや時間などを表すときに使う単語をまとめて紹介します。空欄に書いて覚えてください。

曜日など

単語	意味	記入欄	単語	意味	記入欄
ルネス **lunes**	月曜日		マルテス **martes**	火曜日	
ミエルコレス **miércoles**	水曜日		フエベス **jueves**	木曜日	
ビエルネス **viernes**	金曜日		サバド **sábado**	土曜日	
ドミンゴ **domingo**	日曜日		オイ **hoy**	今日	
アジェール **ayer**	昨日		マニャナ **mañana**	明日	
ディア **día**	日		セマナ **semana**	週	
メス **mes**	月		アーニョ **año**	年	

¿Qué día es hoy?（ケ ディア エス オイ） 今日は何曜日ですか？
— Es domingo.（エス ドミンゴ） 日曜日です。

▶ p96~99 も参照してください。

月

単語	意味	記入欄	単語	意味	記入欄
エネロ **enero**	1月		フェブレロ **febrero**	2月	
マルソ **marzo**	3月		アブリル **abril**	4月	
マジョ **mayo**	5月		フニオ **junio**	6月	
フリオ **julio**	7月		アゴスト **agosto**	8月	
セプティエンブレ **septiembre**	9月		オクトゥブレ **octubre**	10月	
ノビエンブレ **noviembre**	11月		ディシエンブレ **diciembre**	12月	

¿A cuántos estamos hoy?（ア クアントス エスタモス オイ） 今日は何日ですか？
— Estamos a 5 de mayo.（エスタモス ア シンコ デ マジョ） 5月5日です。

▶ p100~103 も参照してください。

時　刻

●～時

la una（ラ ウナ）　1時
定冠詞も単数

las dos（ラス ドス）
2時
定冠詞も複数

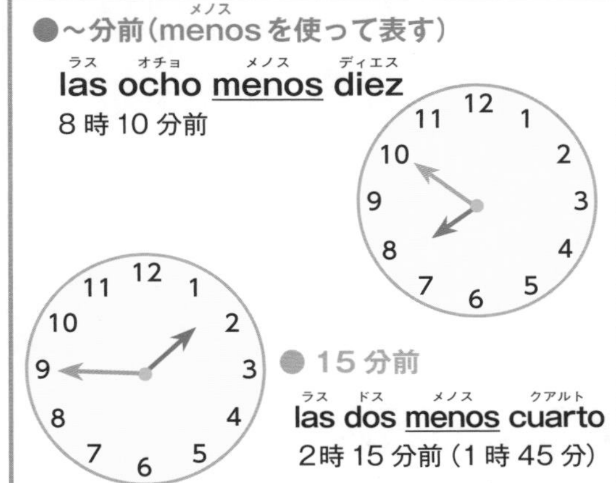

●～分前（menos（メノス）を使って表す）

las ocho menos diez（ラス オチョ メノス ディエス）
8時10分前

● 15分前

las dos menos cuarto（ラス ドス メノス クアルト）
2時15分前（1時45分）

●～分後（y（イ）を使って表す）

las ocho y cincuenta（ラス オチョ イ シンクエンタ）
8時50分

● 15分後（cuarto（クアルト）を使って表す）

la una y cuarto（ラ ウナ イ クアルト）　1時15分

● 30分（media（メディア）を使って表す）

la una y media（ラ ウナ イ メディア）　1時半

¿Qué hora es?（ケ オラ エス）　今、何時ですか？
— Son las dos y media.（ソン ラス ドス イ メディア）　2時半です。

▶ p96~99も参照してください。

季　節

primavera（プリマベラ）	春		verano（ベラノ）	夏	
otoño（オトニョ）	秋		invierno（インビエルノ）	冬	

En primavera hace buen tiempo.（エン プリマベラ アセ ブエン ティエンポ）　春はよい気候です。
En verano hace calor.（エン ベラノ アセ カロール）　夏は暑いです。

▶ p122~124も参照してください。

覚えておきたい動詞活用表

よく使われる動詞の直接法現在の活用を表にまとめました。語尾の変化に注意して覚えておきましょう。

ar 動詞

trabajar (トラバハール) 働く					
単数	yo (ジョ)	trabajo (トラバホ)	複数	nosotros/nosotras (ノソトロス/ノソトラス)	trabajamos (トラバハモス)
単数	tú (トゥ)	trabajas (トラバハス)	複数	vosotros/vosotras (ボソトロス/ボソトラス)	trabajáis (トラバハイス)
単数	usted,él/ella (ウステ, エル/エジャ)	trabaja (トラバハ)	複数	ustedes,ellos/ellas (ウステデス, エジョス/エジャス)	trabajan (トラバハン)
estudiar (エストゥディアール) 勉強する					
単数	yo	estudio (エストゥディオ)	複数	nosotros/nosotras	estudiamos (エストゥディアモス)
単数	tú	estudias (エストゥディアス)	複数	vosotros/vosotras	estudiáis (エストゥディアイス)
単数	usted,él/ella	estudia (エストゥディア)	複数	ustedes,ellos/ellas	estudian (エストゥディアン)
llegar (ジェガール) 着く					
単数	yo	llego (ジェゴ)	複数	nosotros/nosotras	llegamos (ジェガモス)
単数	tú	llegas (ジェガス)	複数	vosotros/vosotras	llegáis (ジェガイス)
単数	usted,él/ella	llega (ジェガ)	複数	ustedes,ellos/ellas	llegan (ジェガン)

er 動詞

comer (コメール) 食べる					
単数	yo	como (コモ)	複数	nosotros/nosotras	comemos (コメモス)
単数	tú	comes (コメス)	複数	vosotros/vosotras	coméis (コメイス)
単数	usted,él/ella	come (コメ)	複数	ustedes,ellos/ellas	comen (コメン)
leer (レエール) 読む					
単数	yo	leo (レオ)	複数	nosotros/nosotras	leemos (レエモス)
単数	tú	lees (レエス)	複数	vosotros/vosotras	leéis (レエイス)
単数	usted,él/ella	lee (レエ)	複数	ustedes,ellos/ellas	leen (レエン)

ir 動詞

vivir (ビビール) 住む					
単数	yo	vivo (ビボ)	複数	nosotros/nosotras	vivimos (ビビモス)
単数	tú	vives (ビベス)	複数	vosotros/vosotras	vivís (ビビス)
単数	usted,él/ella	vive (ビベ)	複数	ustedes,ellos/ellas	viven (ビベン)

エスクリビール escribir　書く

単数			複数		
単数	yo	エスクリボ escribo	複数	nosotros/nosotras	エスクリビモス escribimos
	tú	エスクリベス escribes		vosotros/vosotras	エスクリビス escribís
	usted,él/ella	エスクリベ escribe		ustedes,ellos/ellas	エスクリベン escriben

不規則活用の動詞❶

＊規則活用では変わらない語幹の母音が変化する動詞

ペンサール pensar [e → ie]　思う

単数			複数		
単数	yo	ピエンソ pienso	複数	nosotros/nosotras	ペンサモス pensamos
	tú	ピエンサス piensas		vosotros/vosotras	ペンサイス pensáis
	usted,él/ella	ピエンサ piensa		ustedes,ellos/ellas	ピエンサン piensan

エンテンデール entender [e → ie]　理解する

単数			複数		
単数	yo	エンティエンド entiendo	複数	nosotros/nosotras	エンテンデモス entendemos
	tú	エンティエンデス entiendes		vosotros/vosotras	エンテンデイス entendéis
	usted,él/ella	エンティエンデ entiende		ustedes,ellos/ellas	エンティエンデン entienden

センティール sentir [e → ie]　感じる

単数			複数		
単数	yo	シエント siento	複数	nosotros/nosotras	センティモス sentimos
	tú	シエンテス sientes		vosotros/vosotras	センティス sentís
	usted,él/ella	シエンテ siente		ustedes,ellos/ellas	シエンテン sienten

コンタール contar [o → ue]　数える

単数			複数		
単数	yo	クエント cuento	複数	nosotros/nosotras	コンタモス contamos
	tú	クエンタス cuentas		vosotros/vosotras	コンタイス contáis
	usted,él/ella	クエンタ cuenta		ustedes,ellos/ellas	クエンタン cuentan

ポデール poder [o → ue]　～できる

単数			複数		
単数	yo	プエド puedo	複数	nosotros/nosotras	ポデモス podemos
	tú	プエデス puedes		vosotros/vosotras	ポデイス podéis
	usted,él/ella	プエデ puede		ustedes,ellos/ellas	プエデン pueden

ドルミール dormir [o → ue]　眠る

単数			複数		
単数	yo	ドゥエルモ duermo	複数	nosotros/nosotras	ドルミモス dormimos
	tú	ドゥエルメス duermes		vosotros/vosotras	ドルミス dormís
	usted,él/ella	ドゥエルメ duerme		ustedes,ellos/ellas	ドゥエルメン duermen

レペティール repetir [e → i]　くり返す

単数			複数		
単数	yo	レピド repito	複数	nosotros/nosotras	レペティモス repetimos
	tú	レピテス repites		vosotros/vosotras	レペティス repetís
	usted,él/ella	レピテ repite		ustedes,ellos/ellas	レピテン repiten

セルビール servir [e → i] 仕える、給仕する					
単数	ジョ yo	シルボ sirvo	複数	ノソトロス ノソトラス nosotros/nosotras	セルビモス servimos
	トゥ tú	シルベス sirves		ボソトロス ボソトラス vosotros/vosotras	セルビス servís
	ウステ エル エジャ usted,él/ella	シルベ sirve		ウステデス エジョス エジャス ustedes,ellos/ellas	シルベン sirven

不規則活用の動詞❷

＊主語が一人称単数のときのみ、不規則な形になる動詞

ポネール poner 置く					
単数	yo	ポンゴ pongo	複数	nosotros/nosotras	ポネモス ponemos
	tú	ポネス pones		vosotros/vosotras	ポネイス ponéis
	usted,él/ella	ポネ pone		ustedes,ellos/ellas	ポネン ponen
サリル salir 出る					
単数	yo	サルゴ salgo	複数	nosotros/nosotras	サリモス salimos
	tú	サレス sales		vosotros/vosotras	サリス salís
	usted,él/ella	サレ sale		ustedes,ellos/ellas	サレン salen
アセール hacer ～する、作る					
単数	yo	アゴ hago	複数	nosotros/nosotras	アセモス hacemos
	tú	アセス haces		vosotros/vosotras	アセイス hacéis
	usted,él/ella	アセ hace		ustedes,ellos/ellas	アセン hacen
トラエール traer 持ってくる					
単数	yo	トライゴ traigo	複数	nosotros/nosotras	トラエモス traemos
	tú	トラエス traes		vosotros/vosotras	トラエイス traéis
	usted,él/ella	トラエ trae		ustedes,ellos/ellas	トラエン traen
コノセール conocer 知っている					
単数	yo	コノスコ conozco	複数	nosotros/nosotras	コノセモス conocemos
	tú	コノセス conoces		vosotros/vosotras	コノセイス conocéis
	usted,él/ella	コノセ conoce		ustedes,ellos/ellas	コノセン conocen
サベール saber 知る					
単数	yo	セ sé	複数	nosotros/nosotras	サベモス sabemos
	tú	サベス sabes		vosotros/vosotras	サベイス sabéis
	usted,él/ella	サベ sabe		ustedes,ellos/ellas	サベン saben
ベール ver 見る					
単数	yo	ベオ veo	複数	nosotros/nosotras	ベモス vemos
	tú	ベス ves		vosotros/vosotras	ベイス veis
	usted,él/ella	ベ ve		ustedes,ellos/ellas	ベン ven

dar（ダール） 与える					
単数	yo	doy（ドイ）	複数	nosotros/nosotras	damos（ダモス）
	tú	das（ダス）		vosotros/vosotras	dais（ダイス）
	usted,él/ella	da（ダ）		ustedes,ellos/ellas	dan（ダン）

不規則活用の動詞❸

＊不規則活用❶・❷両方の不規則性をもつ動詞。

tener（テネール） 持つ					
単数	yo	tengo（テンゴ）	複数	nosotros/nosotras	tenemos（テネモス）
	tú	tienes（ティエネス）		vosotros/vosotras	tenéis（テネイス）
	usted,él/ella	tiene（ティエネ）		ustedes,ellos/ellas	tienen（ティエネン）
venir（ベニール） 来る					
単数	yo	vengo（ベンゴ）	複数	nosotros/nosotras	venimos（ベニモス）
	tú	vienes（ビエネス）		vosotros/vosotras	venís（ベニス）
	usted,él/ella	viene（ビエネ）		ustedes,ellos/ellas	vienen（ビエネン）
decir（デシール） 言う					
単数	yo	digo（ディゴ）	複数	nosotros/nosotras	decimos（デシモス）
	tú	dices（ディセス）		vosotros/vosotras	decís（デシス）
	usted,él/ella	dice（ディセ）		ustedes,ellos/ellas	dicen（ディセン）

その他の不規則動詞

ser（セール） ～です					
単数	yo	soy（ソイ）	複数	nosotros/nosotras	somos（ソモス）
	tú	eres（エレス）		vosotros/vosotras	sois（ソイス）
	usted,él/ella	es（エス）		ustedes,ellos/ellas	son（ソン）
estar（エスタール） ～です					
単数	yo	estoy（エストイ）	複数	nosotros/nosotras	estamos（エスタモス）
	tú	estás（エスタス）		vosotros/vosotras	estáis（エスタイス）
	usted,él/ella	está（エスタ）		ustedes,ellos/ellas	están（エスタン）
ir（イル） 行く					
単数	yo	voy（ボイ）	複数	nosotros/nosotras	vamos（バモス）
	tú	vas（バス）		vosotros/vosotras	vais（バイス）
	usted,él/ella	va（バ）		ustedes,ellos/ellas	van（バン）
oír（オイール） 聞く、聞こえる					
単数	yo	oigo（オイゴ）	複数	nosotros/nosotras	oímos（オイモス）
	tú	oyes（オジェス）		vosotros/vosotras	oís（オイス）
	usted,él/ella	oye（オジェ）		ustedes,ellos/ellas	oyen（オジェン）

●著者
徳永　志織（とくなが　しおり）
日本大学経済学部教授。津田塾大学学芸学部英文学科卒業。東京外国語大学大学院博士後期課程単位取得退学。マドリード自治大学哲文学部博士課程修了。言語学博士（マドリード自治大学）。専門は、スペイン語形態統語論、日西対照研究。
おもな著書に『CD付き　スペイン語　話す・聞く　かんたん入門書』（池田書店）、『もやもやを解消！ スペイン語文法ドリル』（三修社）、『だいたいで楽しいスペイン語入門』（三修社）など。

●校正協力　Word Connection JAPAN ／株式会社ぷれす
●本文デザイン・DTP　木寅 美香（アップライン）
●イラスト　坂木 浩子（株式会社 ぽるか）
●録　音　一般財団法人　英語教育協議会（ELEC）
●ナレーター　Daniel Quintero
Vanesa Andreo Hinojal
AIRI
●編集協力　オフィスミィ
●編集担当　野中あずみ（ナツメ出版企画株式会社）

本書に関するお問い合わせは、書名・発行日・該当ページを明記の上、下記のいずれかの方法にてお送りください。電話でのお問い合わせはお受けしておりません。
・ナツメ社 web サイトの問い合わせフォーム
https://www.natsume.co.jp/contact
・FAX（03-3291-1305）
・郵送（下記、ナツメ出版企画株式会社宛て）
なお、回答までに日にちをいただく場合があります。正誤のお問い合わせ以外の書籍内容に関する解説・個別の相談は行っておりません。あらかじめご了承ください。

音声DL版　オールカラー
超入門！　書いて覚えるスペイン語ドリル

2024年5月7日　初版発行

著　者　徳永志織
発行者　田村正隆
発行所　株式会社ナツメ社
東京都千代田区神田神保町 1-52　ナツメ社ビル 1F（〒 101-0051）
電話　03（3291）1257（代表）　FAX　03（3291）5761
振替　00130-1-58661
制　作　ナツメ出版企画株式会社
東京都千代田区神田神保町 1-52　ナツメ社ビル 3F（〒 101-0051）
電話　03（3295）3921（代表）
印刷所　ラン印刷社

ISBN978 - 4 - 8163 - 7537 - 8

本書は弊社既刊『CD 付き　オールカラー　超入門！　書いて覚えるスペイン語ドリル』をもとに、音声をダウンロード形式に変更しております。